KB097150

스타트업
아이템 발굴부터 투자 유치까지

스타트업
아이템 발굴부터 투자 유치까지

ⓒ 임성준 2021

1판 1쇄 2021년 1월 11일
1판 5쇄 2023년 2월 17일

지은이 임성준
펴낸이 유경민 노종한
책임편집 이현정
기획편집 유노북스 이현정 함초원 조혜진 **유노라이프** 박지혜 구혜진 **유노책주** 김세민 이지윤
기획마케팅 1팀 우현권 이상운 **2팀** 정세림 유현재 정혜윤 김승혜
디자인 남다희 홍진기
기획관리 차은영
펴낸곳 유노콘텐츠그룹 주식회사
법인등록번호 110111-8138128
주소 서울시 마포구 월드컵로20길 5, 4층
전화 02-323-7763 **팩스** 02-323-7764 **이메일** info@uknowbooks.com

ISBN 979-11-90826-29-7 (03320)

- — 책값은 책 뒤표지에 있습니다.
- — 잘못된 책은 구입한 곳에서 환불 또는 교환하실 수 있습니다.
- — 유노북스, 유노라이프, 유노책주는 유노콘텐츠그룹 주식회사의 출판 브랜드입니다.

스타트업

아이템 발굴부터 투자 유치까지

임성준 지음

유노
북스

이 책을 스타트업 월드에서 고군분투하시는
모든 분에게 바칩니다.

임성준

스타트업을 시작하기 전
이 책을 읽어야 하는 이유

이 책 읽지 않고 창업하지 마라! 예비 창업가들에게 꼭 말해 주고 싶다. 이미 창업한 분들에게는 이전부터 한 고민과 앞으로 할 고민이 모두 담겨 있으니 꼭 읽으라고 권하고 싶다. 창업 선배가 절친한 후배에게 몇 날 며칠 해 주고 싶은 모든 이야기가 이 책 한 권에 담겨 있다.

'스타트업엑스' 신유정 대표

인간을 바꾸는 방법은 세 가지뿐이다. 시간을 달리 쓰는 것, 새로운 사람을 사귀는 것, 지금 바로 행동으로 실천하는 것. 화려한 대기업 직장인에서 스타트업, 투잡, 아르바이트까지 뛰어 본 저자의 생생한 일화와 통찰력으로 가득한 책이다. 청춘 드라마 같은 이야기가 아니라 지뢰밭 같은 창업의 현실을 들려준다.

'서한인베스트먼트' 전영훈 대표

열심히 하는 스타트업은 많다. 그러나 단순히 열심히만 하기보다 전략적으로 잘하는 것이 중요하다. 이 책은 스타트업이라는 길을 선택한 사람에게 닥칠 시험이 무엇인지 제대로 알려 준다. 성공한 창업가의 책은 많다. 그러나 딱 몇 걸음 더 앞선 단계에서 이제 막 시작하는 스타트업의 눈높이에 맞게 설명해 주는 책은 많지 않다. 지금 이 시간에도 다음 단계로 가기 위해 치열하게 전투를 벌이는 창업자가 생생한 감각으로 전해 주는 경험담이다.

'스파크랩스' 이희윤 이사

누구나 한 번쯤 창업을 생각해 본다. 이 책은 창업을 향한 장밋빛 기대뿐만 아니라 여러 난관을 해결하는 과정까지 저자의 실제 경험을 토대로 생생하게 전달해 스타트업의 정의부터 다시 생각하는 계기가 된다. 창업을 꿈꾸는 사람은 물론, 기업 현장에서 좋은 스타트업을 찾으려는 담당자들에게도 좋은 지침이 될 것이다.

'네이버' 글레이스 CIC 이종민 책임 리더, 이사

창업이라는 뜨거운 꿈을 가슴에 품고 이 책을 손에 든 당신을 응원합니다. 유니콘을 꿈꾸며 시작한 스타트업은 죽음의 계곡이라는 외롭고도 힘든 시기를 거쳐야 합니다. 베테랑 사업가의 성공과 실패 경험을 응집한 이 책과 임성준 저자가 여러분의 힘찬 시작에 최고의 창업 파트너가 될 것입니다.

'카카오' 미래전략추진실 이우성 이사

오래전 스타트업으로 첫 사회 경험을 하고 주변에 수많은 스타트업 대표를 지인으로 둔 나로서는 이 책이 매우 반갑다. 스스로를 고용하는 스타트업의 출발점에서 커다란 이정

표가 돼 줄 소중한 책의 발간에 큰 박수를 보낸다.

'마이크로소프트' Cloud +AI, 글로벌 인플루언서팀 아시아 리전 매니저 이소영 이사

왜 창업을 하는지, 창업 아이템은 어떻게 정해야 할지, 플랫폼과 서비스 중 무엇을 먼저 추구할지, 어떤 특성을 가진 사람들과 팀을 꾸리고 조직 문화는 어떻게 만들어 갈지, 투자는 어떻게 받는지 등 사업을 고민하고 조직을 키워 가면서 만나게 되는 다양한 주제에 대한 솔직하고 현실적인 조언이 가득합니다. 저자가 직접 고생하면서 배운 내용을 아낌없이 나눠줍니다.

'아마존' Head of Training & Certification 문병용 상무

이 책은 시야가 한정된 창업자들에게 길잡이 역할을 해 주고, 잘못된 길을 걷고 있는 이들에게는 진로를 변경할 수 있도록 도움을 줄 지침서라고 할 수 있다. 매년 새로운 아이디어로 창업에 도전하는 수많은 사람이 이 책을 통해서 실패를 최소화하고 성공적인 창업을 달성하기를 기대한다.

'스마트디바이스산업협회' 지성태 사무국장

스타트업 현장에서 가장 크게 통감하는 것은 창업가가 왜 어떤 동기로 창업했는지, 어떤 고객에게 어떤 서비스나 상품을 어떻게 공급할지 명확하게 설명하지 못한다는 것입니다. 저자의 노하우가 결집된 이 책으로 예비 창업자부터 이미 창업을 한 사람들까지 단계별 노하우를 습득하고 수많은 시행착오를 줄일 수 있을 것입니다.

'숭실 대학교' 중소기업 대학원 주임 교수 최정권

스타트업의 세계는 성공의 기회가 열려 있기도 하지만, 실패의 위기 또한 있기 마련이다. 실패를 경험으로 삼아 더 큰 성공을 누릴 수 있다. 하지만 누가 실패를 준비해서 경험하고자 할까? 이 책에서 스타트업의 성공 전략과 필수 지식들을 안내한다. 스타트업 창업을 고민하고 있거나 준비하는 사람, 창업 이후 아직 성공의 열쇠를 쥐지 못한 사람, 혹은 실패를 경험하고 재기를 도모하고자 사람들 모두에게 옆에 끼고 참고할 책으로 삼을 것을 추천한다.

'GHSoft' 이진수 대표

스타트업을 창업하고, 경영하고, 다양한 스타트업을 만나 수많은 강연과 멘토링을 한 저자의 이야기는 스타트업에 대한 모든 궁금증에 실질적인 해답이 될 것이다. 스타트업과 기업가에 대한 막연한 환상을 걷어 내고 사업을 시작하고 운영하면서 수많은 위기와 중요한 기로에 섰을 때 이 책은 더 좋은 결정을 내릴 수 있는 가이드가 될 것이다.

'제노레이' 신인선 이사

이 책에 대한 어떤 추천사도 이 책의 목차만큼 책을 읽고 싶게 만들지는 못할 것이다. 책의 목차를 먼저 읽어 보라. 정말로 스타트업 창업에 관심을 가진 이라면 한 줄 한 줄에서 실무자의 고민들을 읽어 내지 못할 수가 없다.

'아이보스' 신용성 대표

열정만으로 창업하는 시대는 지났습니다. 창업이 전 세계적인 트렌드가 된 요즘, 창업과 성장 과정도 일정한 패턴을 따르므로 기본기가 매우 중요해졌습니다. 창업을 이미 한 분들조차 저에게 조언을 구하러 찾아올 때면 늘 제한된 시간으로 단편적인 답을 준 것이 못

내 아쉬웠습니다. 이젠 그 답을 이 책을 추천하는 것으로 대신할 수 있어 매우 기쁩니다.

'악어디지털' 김용섭 대표

대한민국에서 현재 스타트업을 준비하거나 초기 스타트업을 경영하는 당신에게 바이블 같은 책이 될 것입니다. 성공한 스타트업들이 겪은 비슷한 수많은 시행착오와 성공 방법론이 담겨 있으니 필독하고 스타트업 성공의 참고서로 활용하길 바랍니다.

'굿닥, 캐어랩스' 박경득 대표

가장 현실적이고 구체적인 스타트업 창업 가이드입니다. 십수 년간 지켜본 저자의 일과 삶에 대한 태도도 녹아 있어서 더 믿음이 갑니다. 허세 부리지 않는 책을 만나기 어려운 요즘 이런 책을 추천하게 되어 영광입니다.

'메타브랜딩' 박항기 사장, CBO

예비 창업자 혹은 3년 미만의 창업자라면 언제든지 가장 손이 잘 닿는 곳에 놓아야 하는 단 한 권의 책. 창업자라면 분명히 한 번은 거쳐야 하는 창업 과정에 대한 최고의 간접 경험과 해결책을 실제 창업자가 전달한다.

'스테이즈' 이병현 대표

차례

추천사 스타트업을 시작하기 전 이 책을 읽어야 하는 이유   005

0.
Why Start-up?

창업을
해야 하는 이유

- 당신의 욕망이 가리키는 OMTM은?   017
- 인생의 제이 커브를 점검할 때다   020
- 배의 존재 이유는 항해에 있다   024

1.
Starting a Start-up!

스타트업의
시작

- 후회 최소화 프레임 워크를 꺼내다   031
- 40세, 버그투성이 백수가 되다니   035
- 예비 창업가들이 반드시 기억해야 할 것   038
- 창업 아이템은 고객의 불만에서 시작된다   041
- 창업 아이템을 선정하는 방법   045
- 창업 아이템이 갖춰야 할 요소   048
- 창업 아이템을 선정할 때 유의할 점 6가지   052
- 가능하면 시장 독식! 제로 투 원   058
- 창업 초기에는 플랫폼보다 서비스에 집중하자   061
- 사업 타당성을 분석하는 방법   065

2.

Start-up Team Building

스타트업
팀 빌딩

- 가장 중요한 것은 언제나 사람이다 — 071
- 기업가 정신이 필요한 이유 — 074
- 공동 창업자는 두 번째 반려자다 — 078
- 공동 창업자를 구할 때 저지르는 흔한 실수 — 084
- 현명하게 공동 창업자 구하는 방법 — 088
- 최고의 공동 창업자 조건 — 092
- 좋은 개발자를 구하기 어려운 이유 — 096
- 좋은 개발자를 구하는 방법 — 100
- 스타트업 대표 이사, 아무나 해서는 안 된다 — 105
- 알아야 이장도 하고 스타트업도 한다 — 109
- 나이는 숫자에 불과하지만 그 숫자가 너무나 중요하다 — 112
- 스타트업에서 동료는 전우와 같다 — 115
- 인사는 지원이 아니라 전략이다 — 118
- 매력적인 보상 제도 만들기 — 124

3.

Start-up Company Building

스타트업
컴퍼니 빌딩

- 개인 사업자? 법인 사업자? 그것이 문제로다   133
- 지분을 나누는 현명한 방법   137
- 주주 간 계약서 쓰는 방법   143
- 비즈니스 모델 수립하기 1 비즈니스 모델 캔버스   147
- 비즈니스 모델 수립하기 2 린 캔버스   154
- 비즈니스 모델 수립하기 3 수익 모델 바로 알기   158
- 좋은 사업 계획서가 갖춰야 할 조건   163
- 투자 유치를 위한 사업 계획서   168
- 사업 계획서 작성 팁   175
- 어쨌든 살아남아야 기회를 잡을 수 있다   179
- 바닷물을 끓이지 말자   183
- 성과를 관리하는 방법   186

4.

Start-up Fund-raising

스타트업
투자 유치 전략

- 스타트업의 투자 유치, 험난한 여정의 시작   193
- 투자 유치란 무엇인가? 왜 해야 하는가?   196
- 투자자와 투자 방식의 종류   199
- 벤처 캐피털의 메커니즘   205
- 벤처 캐피털의 투자 프로세스   212
- 프리 머니 밸류와 포스트 머니 밸류   219
- 스타트업의 밸류에이션   222
- 투자 계약서 보는 방법   228
- 투자 유치에 도움되는 다양한 팁   235

5.

Start-up etc.

알아 두면 좋은
스타트업의 모든 것

- 창업 전문가의 잘못된 훈수를 피하라   249
- 스타트업과 코워킹 스페이스   253
- 수평 문화를 만들기 위해 필요한 것들   260
- 진정한 수평 조직은 가능할까?   263
- 가족 같은 회사, 사실 남보다 못한 회사   267
- 스타트업, 반복에 지치지 않는 자가 성취한다   270
- 시간은 누구에게나 공평하지 않다   274
- 아무 일도 하지 않으면 아무 일도 일어나지 않는다   278
- 스타트업 창업가를 위한 시무 20조   281
- 지옥을 경험하고 있는 사업가들에게   283

6.

Supplement

부록

- 스타트업 용어 사전   291
- 기관 리스트   309

0.

Why Start-up?

창업을
해야 하는 이유

내가 생각하는 잔인하고 거짓된 친절은 바로 스스로 더욱 발전하기 위해 노력하지 않는 사람을 회사에서 계속 붙잡아 두는 것이다.

진정으로 잔인한 것은 그들이 나이가 들어 직업을 선택할 기회가 줄어들고 자녀들이 성장해서 교육비가 엄청나게 늘어날 때까지 기다렸다가 그때서야 회사를 그만두게 하는 것이다.

_잭 웰치

당신의 욕망이 가리키는 OMTM은?

OMTM$^{One Metric That Matters}$이란 스타트업의 운영에서 현재 단계에 가장 중요한 한 가지 지표를 선택해 집중하는 것을 말한다. 이 지표는 단계에 따라서 달라질 수 있다. 창업을 시작하려는 당신의 OMTM은 무엇인가?

창업을 해야 하는 이유는 여러 가지가 있지만 가장 근본적인 이유는 '돈을 벌기 위해서'다. 대박을 꿈꿔서든, 생계 수단이든, 노후를 위해서든, 자기 사업을 하려는 사람들 대부분이 돈을 벌기 위해 창업을 한다. 사회적 문제를 해결하기 위해 창업하는 사람도 있지만, 회사란 기본적으로 돈을 벌어야만 유지되고 생존해야만 원하는 바를 이룰 수 있다.

2030 세대의 창업은 단순히 돈을 벌기 위해서라기보다 자본주의가 만든 보이지

않는 계급 사회에서 상위 계급으로 가기 위한 욕망과 연결돼 있다. 보통 욕망이라는 단어가 "무엇을 갖거나 누리고자 탐한다"라는 뜻이기 때문에 다소 과도한 것을 추구하는 부정적인 의미로 여긴다. 그런데 그건 우리가 드라마를 너무 많이 보기 때문일 수도 있고 우리 문화가 풍족한 삶보다 청렴한 삶을 미덕으로 여겨 왔기 때문일 수도 있다. 그런데 아이러니하게도 우리는 이런 욕망에 의해 또 다른 자극을 받고 창업을 한다. 사회 역시 사람들의 욕망에 의해 발전한다.

'돈을 좇지 마라. 좋아하는 일을 열심히 하다 보면 돈은 자연스럽게 따라온다.'

크게 성공해서 유명한 사업가나 자산가들이 각종 매체에서 이런 말을 많이 한다. 정말 멋지지만 누군가에게는 하나도 와닿지 않는 말이기도 하다. 이렇게 이야기하는 사람 중에 나와 알기도 하고 존경하는 인사들도 있는데, 그들 역시 돈을 벌기 위해 사업을 시작했다. 모두가 그런 것은 아니겠으나 돈을 벌기 위해 사업을 시작한 사람들이 강의나 텔레비전 프로그램에서 돈을 좇지 말라고 이야기하는 모습을 보면 이제는 솔직하지 못한 방송용 멘트라는 생각이 든다.

부자일수록 더욱 부자가 되고 가난할수록 더욱 가난해진다. 그리고 우리는 늘 돈에 쪼들리며 살고 있다. 심지어 '돈의 노예'라는 잔인한 표현도 자주 쓰인다. 유명 강사이자 유튜버인 김미경 씨는 "남편이 월급을 얼마나 갖다주든 늘 200만 원 부족한 법"이라고 했다. 늘 돈이 부족하기 때문에 많은 것을 포기하게 되며 그로 인해 행복감과 자존감이 떨어지고 우울해질 때도 많다.

당신이 현재 직장을 다니고 있다면 고정 수입으로 그럭저럭 살 만할 것이다. 그렇다 하더라도 평생 직장을 다녀도 서울에 집 한 채 사기가 힘든 게 현실이다. 은퇴 이후의 대책은 당연히 없다. 그러므로 우리는 돈으로부터 자유로워져야 한다. 하루 빨리 돈에 대한 지식과 감각을 키워 돈에 쪼들리는 삶에서 벗어날 길을 찾아야 한다. 우리는 돈에 대해 솔직해지고 돈과 가까이 지내야 한다.

좋아하는 일을 하다 보면 부자가 될 수 있을까? 지금 하는 일을 그만두고 복지가 괜찮다는 회사로 이직을 하면 노후가 해결될까? 글쎄올시다. 한동안 마음은 행복할지 모르겠지만 부자의 삶과는 점점 멀어질 수 있다. 게다가 노부모를 부양하거나, 아이들을 교육해야 하거나, 자신의 미래를 생각하면 언제까지 마냥 행복할지 의문이다.

그렇다고 지금 다니는 회사에서 일을 열심히 하다 보면 금전적으로 여유로워질까? 결론은 쉽지 않다. 대기업의 임원이 되어 두 자릿수 이상의 억대 연봉을 받거나 될성부른 회사에 초기 멤버로 합류해 스톡옵션을 받아 수십억 원 이상으로 권리를 행사하면 가능하겠지만 이런 케이스는 매우 극소수다. 그렇기 때문에 샐러리맨들이 다들 그렇게 투잡에, 재테크에 목을 매는 것이다.

결국 해답은 창업에 있다. 자본주의 사회에서 돈은 필수 불가결한 요소이며 많은 것을 할 수 있게 해 준다. 먹고 싶은 것, 사고 싶은 것을 언제든지 원하는 만큼 갖고 자신과 가족의 생활 환경과 교육 환경을 더 풍족하게 만들 수 있다. 돈은 우리에게 많은 기회를 주고 다양한 리스크로부터 지켜 준다. 당신의 아이디어와 아이템으로 이것이 가능하다. 수저 계급론에 한탄만 하지 말고 내 수저를 만들어 보자.

인생의 제이 커브를
점검할 때다

제이 커브J Curve, 스타트업에서 제일 좋아하는 알파벳이 아마도 J일 것이다. 이 단어는 스타트업의 예상 현금 흐름과 성장 곡선의 의미로 사용된다.

바야흐로 100세 시대다. 최근에는 120세 시대라는 말도 나왔다. 한국건강증진개발원에 따르면 한국인의 기대 수명은 2005년 78세에서 2015년 82.1세(여자 85.2세, 남자 79세)로 높아졌다. 2045년이 되면 120세를 돌파할 전망이다. 다양한 관점이 있겠지만 어찌 됐든 의료 기술이 발달하면서 기대 수명이 늘어나는 것은 감사한 일이다. 스티브 잡스는 이런 말을 했다.

"누구도 죽기를 원하지 않는다. 천국에 가고 싶다는 사람들조차도 그곳에 가기 위해 죽기를 원하지는 않는다."

생명 연장의 꿈은 인류 역사상 가장 중요한 목표이자 염원 중의 하나일 것이다. 하지만 주변을 둘러보면 오래 산다고 무조건 좋은 것만은 아닌 듯하다. 특히 경제적으로 안정되지 않은 상태에서 노년을 맞이하면 오래 사는 것 자체가 고통이 될 수 있다.

우리가 겪고 있고, 또한 앞으로 겪어야 할 가장 심각한 문제는 평균 은퇴 시기와 연금 수령 시기 사이에 약 10년에서 15년의 기간이 있다는 것이다. 직장인의 평균 은퇴 시기가 55세 전후이고 연금 수령 시기가 65세이므로 약 10년을 고정 수입 없이 살아야 한다.

연금을 받게 되면 상황이 나아질까? 국민연금연구원에서 발표한 〈중고령자의 경제생활 및 노후 준비 실태 보고서〉에 따르면 부부가 노후에 필요한 월 최소 생활비는 176만 원, 적정 생활비는 243만 4,000원이다. 최소 생활비는 특별한 질병이 없는 건강한 노년임을 가정할 때 최저 생활 수준을 유지하는 데 필요한 비용을 말하고, 적정 생활비는 동일한 조건하에 어느 정도 여가를 즐기면서 표준적인 생활을 하는 데 흡족한 비용을 의미한다.

그런데 30년 이상 가입 국민연금 수급자 1만 2,000명의 월평균 국민연금 수령액은 127만 원이다. 노후 생활비와 대비해 현저하게 부족하다. 최소 생활비로도 모자랄뿐더러 건강에 이상이 있어서 병원비를 부담해야 하거나 자녀의 교육과 결혼 등으로 비용이 많이 드는 일이 생기면 우울한 상황에 처할 수밖에 없다. 하지만 아직도 막연하게 국민연금에 의지해서 노후를 준비하는 사람이 많다.

더욱 심각한 문제는 직장인의 퇴직 연령이 점점 낮아진다는 것이다. 취업 포털 '잡코리아'의 조사에 따르면 직장인이 체감하는 퇴직 연령은 평균 50.9세다. 게다가 점점 더 많은 기업이 직원에게 무급 휴직을 권고하거나 강제로 시행하고 명예퇴직자를 받는 일도 늘어나고 있다.

현재 추세라면 우리나라가 고령화 사회로 진입하면서 국민들이 국민연금을 받는 시기는 조금씩 늦춰지고 퇴직 시기는 조금씩 앞당겨질 가능성이 매우 높다는 합리적인 추론을 할 수 있다. 결국 우리는 더 나이가 들기 전에 노후 자금을 만들어 봐야 한다. 물론 건물을 통한 임대 소득이나 주식을 통한 배당 소득, 인세, 저작권료처럼 일하지 않아도 돈을 버는 구조를 만들면 정말 좋겠지만 현실적으로 쉽지 않다는 걸 모두가 알고 있다.

결국 해답은 창업에 있다. 당장은 직장도 있고 고정 수입이 있는 사람이라면 절박하지 않을 수 있다. 하지만 50세에 회사에서 명예퇴직을 한다고 생각해 보자. 간담이 서늘하지 않은가?

주변 지인들과 노후 준비에 대해 이야기하다 보면 재미있는 점을 발견한다. 어떤 사람은 노후를 지나치게 비관적으로 생각하고 '100세 시대가 축복이 아니라 재앙이다'라고까지 표현한다. 반면에 특별히 대책도 없으면서 '어떻게든 되겠지. 난 잘될 거야. 뭐, 한 방이 있겠지'라며 막연히 노후를 낙관적으로 생각하는 사람도 의외로 많다.

나는 후자에 가까운 사람이었다. 사람들이 알 만한 적당한 회사에 다니고 있었고, 적지 않은 연봉을 받으면서 별걱정 없이 살았다. 이렇게 살다 보면 언제 어디선가 '한 방'이 터져서 노후에는 지금보다 더 여유롭게 세계 여행을 다니며 편하게 살

것이라는 근거 없는 자신감이 있었다. 하지만 모두 허황된 꿈에 불과했다.

내가 다닌 회사는 IT 기업으로 정년이 55세다. 끊임없이 새로운 기술이 개발되고 트렌드가 바뀌는 IT 기업의 특성상 다른 산업에 비해 정년이 빠르다. 만약 운이 좋아서 회사를 55세쯤 그만두게 돼도 자녀는 대개 대학생 전후다. 아이러니하다. 소득이 제로에 가까워지는 시기에 자녀의 대학 등록금이나 생활비를 위해 가장 많은 돈이 필요한 것이다. 상황이 이렇다 보니 40대 초반만 돼도 정년퇴직이나 노후를 생각하며 불안해하는 사람, 창업을 고민하는 사람이 많다.

어찌 됐든 우리는 가족을 부양해야 하는 아빠이자 엄마이고 오늘도 돈을 벌어야 하는 생활인이다. 이것이 바로 돈이 없어서 아이가 배우고 싶어 하는 바이올린을 못 가르치면서 뜬구름 잡는 이야기에 현혹되지 말아야 하는 이유다. 그렇기 때문에 노후에 대한 철저한 준비가 필요하다. 여기에 비관적일 필요도 없고 지나치게 낙관적일 필요도 없다. 그리 달콤하지만은 않은 현실에 대한 문제 인식, 현재 소득과 자산과 부채에 대한 정확한 파악, 노후에 필요한 자금 추정이 필요하다. 무엇보다 중요한 것은 인생 후반전을 위한 창업을 철저하게 준비해야 한다는 것이다.

배의 존재 이유는
항해에 있다

나는 돈을 벌기 위해 두 번의 창업을 했다. 20대에는 대박을 위해서였다면 40대에는 남은 미래를 준비하기 위해서다. 첫 창업은 정말이지 아무것도 모르고 뭔가에 떠밀려서 시작했다. 잠을 줄이면서까지 일을 했지만 원하는 수준만큼 성과가 나오지 않았고 회사를 운영하는 방법이나 기본적인 회계 지식조차 없었으며 투자 유치는 생각조차 못 했다. 결국 '좀 더 큰 회사를 만들려면 큰 회사에 다녀 봐야겠다'는 생각으로 회사를 정리했다. 이후 다음(현 카카오)에 들어갔고 야후코리아를 거쳐 네이버에서까지 약 13년의 직장 생활을 했다.

사업을 접고 회사에 들어가기 전에 세운 계획은 직장 생활을 10년 정도 하며 전문성, 자본력, 인맥을 키워서 다시 창업하는 것이었다. 하지만 그사이 결혼을 하고 아이들도 낳으면서 월급쟁이 생활에 점점 익숙해졌다. 그러자 섣불리 창업하는 것이 두려웠다. 마치 하기 싫어서 계속 뒤로 미루는 숙제처럼 돼 버렸다. 한편으로는 가장으로서 책임감이 들기도 했다. 이상하리만치 가진 것은 별로 없었는데 잃을 것은 많았다. 잃을 것이 많을수록 두려움이 커지고, 지켜야 할 게 많을수록 보수적으로 생각하게 되는 법이다.

나는 우선 창업에 대해 다시 체계적으로 배우고 싶었다. 그래서 서점에도 자주 가고 인터넷 검색도 많이 해 봤지만 나에게 정말 필요한 정보는 없었다. 가장 아쉬웠던 점은 이미 성공한 사람들에 대한 책이나 온라인 콘텐츠는 많지만 예비 창업자, 초보 사업가들이 체계적으로 공부하고 경험담을 들으면서 시행착오를 줄일 콘텐츠는 거의 없었다는 것이다. 이 책을 집필하기로 한 이유도 그때의 나처럼 막연한 두려움으로 창업을 주저하는 사람들에게 조금이나마 도움이 되길 바라서다. 이 책에는 내가 스트리트 파이터의 정신으로 몸소 시행착오를 거치며 배운 경험이 들어 있다.

준비되지 않은 창업 뒤에는 실패가 있었다

인생은 정말이지 계획대로 되는 게 하나도 없다. 어쩌면 그걸 배우고 받아들이는 과정이 인생일지 모른다는 생각조차 든다. 내가 회사에 다니며 창업을 준비할 때도 역시나 계획대로 되는 것이 하나도 없었다. 사업의 진도는 취미 생활로 기타를 배우는 것처럼 더뎠고 신뢰 없이 서로의 욕망으로 급조된 창업 팀은 이런저런 이유로 와해됐다. 그러다가 회사를 나온 순간 나는 듣보잡이 됐다. 연락처에 저장된 수천 명의 인맥은 아무 의미가 없었다. 좋은 회사의 명함을 가진 나일 때 만들어진 인연은 내 배경이 없어진 순간 가차 없어졌다.

혼자 할 수 있는 일은 아무것도 없었다. 특히 IT 기업을 창업하려는데 개발 쪽에 문외한이다 보니 개발자를 구하는 일이 매우 중요했다. 하지만 끈 떨어진 연이 된 나는 좋은 개발자를 구하기가 너무 어려웠다. 힘들게 소개를 받아서 만나 봐도 조건이 맞으면 실력이 부족하고 실력이 좋은 개발자는 연봉을 터무니없이 높게 불렀다. 아무리 뛰어난 개발자라도 아직 아이템만 있고 매출은커녕 생활비도 없는 나의 상황에서 연봉을 맞춰 주기란 불가능했다.

다행히도 마침 중소 벤처 기업부에서 지원하는 창업 맞춤형 사업에 선정돼서 5,000만 원을 지원받을 수 있었다. 이 돈으로 인력을 채용하면 고정비의 압박이 너무 커서 외주 업체를 쓰기로 했다. 지인에게 외주 제작 업체를 소개받아 정부 지원금 5,000만 원 중 3,000만 원에 가까운 돈을 들여서 서비스를 개발하기로 했으나 원하는 수준의 퀄리티와 일정을 맞추지 못했다. 결국 사업은 제대로 진행되지 않았고 소송 직전까지 가게 된 상황으로 치달았다가 또 한 번 인생 공부를 했다고 생각하며 접었다. 여담이지만 이 계기로 나는 지금도 강의할 때마다 기술 기반의 IT 창업은 외주를 맡기는 게 위험하다고 피를 토하면서 말한다.

지옥은 죽어서만 가는 곳이 아니었다. 누구나 살면서 지옥을 경험할 때가 있다. 그래서 '생지옥'이라는 말도 있을 것이다. 누군가는 손톱 밑에 박힌 가시가 지옥 같고, 누군가는 돈 문제와 배고픔이 지옥 같다. 또 누군가는 사랑과 그리움이 지옥 같다. 나는 사업을 시작하면서 사람을 잃고 돈을 잃고 평판을 잃었다. 심지어 배신을 당하고 건강까지 악화됐다. 이때는 사무실을 구할 돈도 없었기에 6개월을 집에서 일하며 은둔 생활을 했다. 사람이 무섭고 싫었다. 나는 끝이 안 보이는 동굴로 계속 들어가고 있었다. 어머니는 아들 걱정에 잠을 자려면 수면제를 드셔야 할 만큼 나는 온 가족의 근심거리가 돼 버렸다.

　이래서는 안 됐다. 아내와 아이들을 보며 이대로 무너져서는 안 된다고 다짐했다. 멘탈을 바로잡고 운동도 시작했다. 끝없이 캄캄한 동굴이 아니라 끝이 있는 터널을 통과하고 있다고 인식하기 위해 노력했다. 힘들지만 기어서라도 조금씩 앞으로 나아가면 언젠가는 따뜻한 햇빛을 만날 수 있을 거라고 생각했다. 그러면서 첫 번째로 한 일은 새로운 팀을 만드는 것이었다.

'스테이즈', 드디어 닻을 올린 배

　새로운 팀을 꾸리는 데 첫 번째로 생각난 사람이 대학원 시절에 우연히 참가한 창업 경진 대회에서 만난 젊고 똑똑한 친구였다. 연락을 했더니 때마침 나를 만나고 싶었다며 반가워했다. 사업을 하려던 그 친구는 나같이 경력이 있는 늙은 말의 지혜가 필요했고, 나는 혈기가 왕성한 젊은 피가 필요했다.

　우리는 만나서 서로에게 자신의 사업에 대해 피칭했다. 나는 아이템과 형편없는 웹 사이트만 덩그러니 있는데 그 친구는 벌써 국내 톱 티어 액셀러레이터인 '스파크랩스' 4기에 선정됐고 매출도 조금씩 나온다고 했다. 대단해 보였다. 처음에는 내 사업을 준비하면서 이 친구의 사업을 돕기로 했지만, 한 가지 일만 하기도 어려운데 두 가지 사업을 동시에 진행한다는 것은 도무지 불가능했다. 결국 내가 하려던 사업을 접고 공동 창업자로서 회사를 키우는 데 전념하게 됐다. 이 회사가 현재의 프롭테크 스타트업인 '스테이즈'다.

　이 계기로 나는 긴 터널 밖으로 나오게 됐다. 3명으로 시작한 회사는 현재 직원이

40명 가까이 늘어났고 약 100억 원의 투자를 받았다. 이런 과정에서 창업과 회사 운영에 대한 경험과 노하우가 조금씩 생겨났다. 현재는 후배 사업가들이 나와 같은 시행착오를 겪지 않기를 바라는 마음에 강의와 글쓰기 플랫폼을 통해 사업을 하며 겪은 일들과 노하우를 전달하고 있다.

참고로 이 책에서 말하는 창업은 식당이나 카페 같은 요식업이 아니라 혁신적인 아이디어로 고객의 문제를 해결하기 위한 기술 기반의 스타트업을 말한다. 과거의 나처럼 창업을 준비하면서 힘들어하거나 동굴에 갇힌 분들에게 조금이나마 도움이 되길 바란다.

독일의 유명한 작가이자 철학자인 괴테는 말했다.

"배는 항구에 있을 때 가장 안전하다. 그러나 그것이 배의 존재 이유는 아니다."

현재 카카오의 김범수 의장도 네이버를 퇴사할 때 이 말을 했다. 어찌 보면 직장을 다닌다는 것은 배가 항구에 정박 중인 것과 비슷하다. 물론 직장 생활도 쉽지는 않지만 그래도 어딘가에 소속돼 있을 때가 가장 안전할 때다. 하지만 직장이 여러분의 존재 이유는 아닐 것이다. 그리고 그 안전함이 영원하지도 않다.

불확실성의 시대에 유일하게 확실한 것은 '변화하는 자만이 살아남는다'는 것이다. 그러니 지금부터 창업에 관심을 갖고 준비를 시작하길 바란다. 여러분이 모두 철저하게 준비를 마친 후 바다로 나가 거친 파도와 폭풍을 이겨 내고 배 한가득 고기를 싣고 돌아오길 진심으로 응원한다.

1.

Starting a Start-up!

스타트업의
시작

나는 용기란 두려움이 없는 것이 아니라 두려움을 이겨 내는 것임을 깨달았다.
용감한 사람이란 두려움을 느끼지 않는 사람이 아니라 두려움을 극복하는
사람이다.

_넬슨 만델라

후회 최소화
프레임 워크를 꺼내다

"너는 이제 마름이 된 거야!"

직장에 다니던 시절 어느 정도 연차가 쌓이고 부장으로 승진했을 때 선배한테 들은 말이다. 회사의 중간 관리자는 마름과 같다는 것이다. 마름은 지주를 대리해서 소작농을 관리하는 사람이다. 소작농은 들어 봤어도 마름이라는 단어는 살면서 그때 처음 들었다. 선배는 지주가 바쁘고 귀찮으니 소작농을 대신 관리하는 마름이 지주에게 잘 보이고 성과를 내기 위해 땅 주인보다 더 소작농을 괴롭혔다는 이야기도 덧붙였다.

후배가 승진했으면 축하나 해 줄 일이지 왜 초를 치는지 기분이 나빴지만 반박할 수 없었다. 꽤 큰 충격이었다. 누구나 알 만한 회사에서 나름 인정받으며 일하는 것에 대한 프라이드가 강했는데 요즘 말로 '현타'가 왔다.

'그래. 내가 아무리 회사에서 날고 기어 봤자 마름을 벗어나기는 힘들겠구나.'

욕망이 꿈틀댔다. 나도 지주가 되고 싶었다. 20대에 작게나마 창업 경험이 있었으나 월급이라는 마약에 익숙해지면서 그동안 창업에 대한 열정을 애써 잊고 살았다. 하나 달라진 점은 20대에는 대박을 꿈꿨다면 이제는 노후 준비에 대한 고민이 더 커졌다는 것이었다. 더 늦기 전에 뭔가 해 봐야 했다. 이렇게 평범한 회사원으로 나이를 먹고 은퇴하고 싶지 않았다.

현대 자본주의 사회는 겉보기에는 모두 평등해 보이지만 사실은 계급이 존재한다. 심지어 인터넷에는 자산을 기준으로 나눈 '수저 계급론'까지 나왔다. 소위 금수저의 기준은 자산 20억 원 이상 또는 연 수입 2억 원 이상이라고 한다. 수저별 기준을 보니 나는 흙수저에서 동수저까지는 어떻게든 가 보겠지만 은수저 이상은 불가능해 보였다. 어딘가 불편하고 서글펐지만 현실이었다.

하지만 지켜야 할 게 많을수록, 잃을 게 많을수록 두려움도 커지는 법이다. 커 가는 아이들과 교육비, 노쇠하는 부모님과 매달 갚아야 하는 아파트 대출금 등 내가 지켜야 할 사람들과 의무가 떠올랐다. 그리고 내가 지금 회사에 다니기 때문에 받는 연봉과 그로 인해 누리는 모든 것이 떠올랐다. 아이러니하게도 가진 것은 많지 않은 것 같은데 잃을 것은 많았다. 호사롭게 살지는 않았지만, 중산층의 삶을 유지하며 살아온 것이다. 그런데 창업을 하면 이 모든 것과 잠시 작별해야 한다. 그게 몇 년이 될지는 아무도 장담할 수 없다.

아주 대학교 심리학과 김경일 교수는 "인간이 제일 싫어하는 것이 불안"이라고 했다. 중간 관리자로 승진해서 주변의 축하도 받고 기분이 좋아야 할 때 살면서 가장 큰 불안이 엄습했다. 욕망과 불안이 함께 춤추며 마음속을 어지럽혔다.

불안한 마음을 달래고자 임원이 된 선배나 형들에게 조언을 구했다. 직장의 꽃은 임원이라는데 그들의 생각은 어떤지 궁금했다. 몸담고 있던 회사뿐만 아니라 다른 대기업이나 IT 회사에서 임원까지 올라간 선배들을 찾아가 이런저런 이야기를 들었다.

연봉이나 처우가 조금 더 좋은 것을 제외하고는 직장인으로서의 갈등과 고민이 일반 직원과 크게 다르지 않았다. 사실상 정규직에서 계약직으로 바뀌기 때문에 성과를 달성하지 못하면 회사에서 나가라고 해도 보호받지 못한다는 것이다. 원래 임원의 뜻은 맡길 임任에 인원 원員을 써서 어떤 단체에 소속돼 그 단체의 중요한 일을 맡아 보는 사람인데, 그게 아니라 '임시 직원'의 약자라고 농담 반 진담 반으로 이야기하는 선배도 있었다. 대부분 직장인이 성과를 내고 인정을 받아서 임원이 되는 것을 목표로 달리는데 정작 임원이 된 사람들은 그리 행복해 보이지 않았다.

내가 내린 결론은 임원이 돼도 문제, 안 돼도 문제였다. 그렇다면 어떻게 살아야 할까? '아마존'의 제프 베조스가 말한 '후회 최소화 프레임 워크'가 떠올랐다. 이 프레임 워크의 목표는 여든 살이 되어 자신의 인생 스토리를 이야기한다고 가정하고 그 시점에 후회할 일의 개수를 최소화한다는 것이다. 내 앞에는 갈림길이 있었다.

'어떤 아이템으로 작더라도 나의 회사를 만드는 길'
'계속 회사에 다니다가 임원이 되든 되지 않든 50세 전후로 은퇴하는 길'

나는 창업의 길을 선택하는 것이 후회가 최소화되리라고 생각했다. 그때부터 두 번째 창업 준비를 시작했다.

40세, 버그투성이
백수가 되다니

2014년 마흔이 되던 해, 나는 백수가 됐다. 대부분의 사람들이 생각하듯 마흔 정도가 되면 좀 더 여유 있고, 좀 더 세상을 많이 알 줄 알았다. 대박 인생까지는 아니어도 적당히 좋은 집, 좋은 차도 갖고 골프도 치면서 윤택한 삶을 살길 바랐지만 현실은 그렇지 못했다. 나는 아직도 철없고, 가진 것은 더욱 없는 나이만 많은 소년이 됐다.

회사에 다니면서 병행한 창업 팀은 각자의 이해관계로 인한 갈등으로 신뢰가 깨져 와해됐고, 13년간 뒷배가 돼 준 회사가 사라진 순간 나는 혼자 덩그러니 남아 보잘것없게 됐다. 그 와중에 다행히도 준비하던 사업 아이템이 중소 벤처 기업부에서 지원하는 정부 정책 자금인 창업 맞춤형 사업에 선정돼 5,000만 원을 지원받고 'K 글로벌 스타트업 2014'에도 선정되어 클라우드 서비스부터 다양한 지원을 받게 됐다. 마지막 희망이었다. 어떻게든 이 두 가지 사업을 잘 활용해 다시 일어서고 싶었다. (2014년도에 지원자였던 나는 감사하게도 6년 뒤인 2020년에 K 글로벌 스타트업 등 각종 정부 사업의 심사위원이 됐다.)

　나에게 선택지는 많지 않았다. 팀원이 한 명도 없었기에 팀 빌딩을 다시 하는 것, 개발과 디자인을 아웃소싱(외주)하는 것 중 하나를 선택해야만 했다. 사업을 위해서는 전문가들로 팀을 꾸리는 것이 당연했지만 기존 팀은 박살이 났고 가족 외에 누군가를 만나기가 두려워서 엄두가 나지 않았다. 현실적으로는 나 한 사람 먹고살기도 힘든 상황에 누군가에게 급여를 준다는 것이 불가능했다. 결국 지인에게 웹 서비스 제작 업체를 소개받아 계약을 했다. 준비되지 않은 창업이자 또 다른 시행착오의 시작이었다.

　계약한 업체는 경력도 오래되고 담당자도 신뢰가 갔으며 특히 포트폴리오가 마음에 들었다. 처음에는 내가 원하는 모든 것을 짧은 기간에 다 해 줄 것처럼 잘해 줬고 사업에 대한 조언도 많이 해 줬다. 나는 안도의 한숨을 쉬었다. 팀은 사라졌지만 이 업체와 함께 좋은 서비스를 개발해서 전화위복을 하고 싶었다.

　그런데 처음 기대와 달리 서비스 개발이 점점 늦어졌다. 외주 업체에서 나에게 테스트해 보라고 보내 준 웹 사이트는 버그투성이에 디자인과 UX^{User Experience: 사용자 경험}도 말도 안 됐다. 찜찜하고 불편했지만 밤새 테스트를 하면서 업체에 버그 리포트를 보내고 조금만 견디면 다른 스타트업처럼 꽤 괜찮은 서비스가 나올 것이라고 스스로를 다독였다.

하지만 상황은 나아지지 않았다. 결국 시간이 6개월 가까이 지체되고서도 조악한 서비스가 출시됐는데 업체에서는 마무리하려고 했다. 나중에 알게 된 사실이지만 외주 업체는 나에게 전담 인력으로 기획자 1명, 개발자 2명, 디자이너 1명을 붙여 주기로 했으나 그 4명은 동시에 3개의 프로젝트를 진행하고 있었다. 그러니 서비스의 품질이 떨어지고 시간이 늘어날 수밖에 없던 것이다.

결국 외주 업체를 통한 웹 서비스 제작은 실패로 돌아갔다. 어떻게든 살아남기 위해 3,000만 원을 들여 만든 웹 사이트는 무용지물이 됐고 소득을 내기는커녕 자본금과 자신감을 모두 잃어 갔다.

예비 창업가들이
반드시 기억해야 할 것

준비되지 않은 창업은 안 하느니만 못하다. 패가망신의 지름길이다. 자신만 손해를 보고 끝나는 것이 아니라 가족에게까지 복구하기 어려운 피해를 줄 수 있다.

SBS 프로그램 〈골목식당〉에서 백종원 씨는 전국의 식당을 다니며 장사가 잘될 수 있도록 개선점을 찾아 주는 등 컨설팅을 해 준다. 몇 주간의 노력과 정성으로 가게에 손님이 많아지고 매출이 늘어나는 것을 보면 내 식당도 아닌데 감사하다는 생각도 들고, 스타트업 업계에도 이런 분이 있으면 좋겠다는 생각도 한다. 백종원 씨가 전국의 골목 상권을 다니며 부르짖는 핵심은 하나다.

'창업하기 전에 준비부터 철저하게 하라.'

너무나 많은 사람이, 특히 청년들이 창업을 쉽게 생각해서 오랜 준비나 노력 없이 카페나 식당을 차렸다가 몇 개월 못 버티고 망하는 일이 비일비재하다. 국세청 자료에 의하면 2019년에 신규 개업한 자영업자(개인 사업자)가 약 118만 명이고 폐업한 자영업자가 약 85만 명이다. 당해 개업했다가 폐업한 사람과 수년 전에 개업했다가 폐업한 사람도 포함돼 있겠지만 개업 대비 폐업의 비율이 72.3%나 된다. 10명이 창업하면 7명이 망하는 것이다.

스타트업 업계에서도 대박을 꿈꾸며 뛰어든 2030 세대를 많이 본다. 요즘은 대학 내 창업 지원 사업이나 창업 보육 센터가 워낙 잘돼 있다. 대학생 대상으로 멘토링을 하다 보면 아무런 준비 없이 창업해서 보육 센터에 의지하거나 동아리처럼 운영하는 팀을 많이 만난다. 심지어 취업이 안 돼서 창업했다는 학생, 취업 스펙을 쌓기 위해 창업을 했다는 학생들을 만나기도 한다. 이런 사람들 때문에 안타깝게도 정말 성공을 갈망하는 사람들이 아닌 엉뚱한 곳에 사무실 무상 지원, 무료 컨설팅 등 인력과 비용이 들어가기도 한다.

확률상 스타트업 세계에서 대박이 터진다는 건 불가능에 가깝다. 대박은커녕 생존도 쉽지 않다. 중소 벤처 기업부에서 발표한 국내 기업의 생존율을 보면 1년 차가 62.7%, 3년 차가 39.1%, 5년 차가 27.5%다. 한국 무역 협회 자료에서 10년 차 생존율은 8%로 줄어든다.

예상보다 생존율이 높다고 생각하는 사람도 있겠지만 이 비율에는 허수가 많다고 본다. '생존'의 의미가 서류상 폐업만 안 했을 뿐 직원들에게 급여를 못 주는 회사, 성과 없이 정부 지원금만으로 근근이 살아가는 회사, 비사업용으로 만들어진 유령 회사들이 포함돼 있기 때문이다. 어떤 이들은 이런 회사들을 좀비 기업이라고도 표현한다.

이렇게 살아남기 힘든 시장에서 토스, 직방, 마켓컬리 같은 회사들은 0.01% 확률로 나오는 '유니콘Unicorn 기업'이다. 유니콘 기업이란, 기업 가치가 10억 달러(한화 1조원) 이상인 비상장 스타트업을 말한다. 유니콘은 뿔이 하나 달린 전설의 말인데, 스타트업이 상장하기도 전에 기업 가치가 1조 원 이상이 되는 것은 마치 유니콘처럼 상상 속에서나 존재할 수 있다는 의미로 사용됐다. 참고로 100억 달러(한화 약 11조 원) 이상의 기업은 '데카콘'이라고 한다.

"시작이 반이다"라는 말이 있다. 무엇이든 우선 시도하고 도전해 보는 것이 중요하다는 말로 공감 가는 부분이 있다. 하지만 창업만큼은 시작이 반이라는 말을 믿지 않길 바란다. 시작은 시작일 뿐이고 그 이상도 그 이하도 아니며 첫 단추를 잘못 끼워서 크나큰 실패를 맞이할 수도, 인생을 생지옥으로 바꿀 수도 있다. 이렇게 말할 만큼 식당이든 스타트업이든 창업을 위해서는 많은 준비와 노력이 필요하다. 최고의 전문가들이 수개월 동안 밤잠을 안 자 가며 철저하게 준비해도 성공하기 힘든 것이 스타트업의 현실이다. 그러니 어설프게 준비하면 당연히 실패할 수밖에 없다.

준비된 자만이 기회가 왔을 때 잡을 수 있다고 한다. 아이템 선정부터, 팀 빌딩, 사업 계획서 작성과 비즈니스 모델 수립, 마케팅과 영업 전략, 채용과 조직 관리, 끝으로 투자 유치까지 창업에 필요한 많은 것을 공부하고 경험하면서 시행착오를 최대한 줄이고 원하는 수준까지 빨리 성장할 수 있도록 준비해야 한다.

창업 아이템은
고객의 불만에서 시작된다

결혼 후 맞벌이를 하던 A씨는 장보기가 너무 어려웠다. 평일에는 계속 야근을 하기 때문에 주말에라도 쉬고 싶은데 마트에 가서 장을 봐야만 했다. 어쩔 수 없이 주말에 수 시간을 들여 일주일 치를 한꺼번에 사서 냉장고에 쟁여 났다.

이런 불편함을 그냥 지나치지 않고 창업을 결심한 A씨가 바로 마켓컬리의 김슬아 대표다. '샛별배송'으로 유명한 마켓컬리는 2020년 8월 기준으로 회원 수가 580만 명이고 약 4,000억 원 이상의 투자를 받은 유니콘 기업이다. 마켓컬리는 새벽 배송을 개척한 선도 업체라고 할 수 있다. 기존의 쇼핑몰이나 오픈 마켓은 업체마다, 제품마다 조금씩 다르겠지만 소비자가 결제하고 물품 택배를 받기까지 보통 2~3일 정도가 소요됐다. 그래서 쉽게 상하는 신선식품을 온라인으로 구매하는 것은 불가능했다.

그런데 마켓컬리가 '자기 전에 주문하면 내일 새벽에 온다'는 방식으로 유통 패러다임에 변화를 가져왔다. 그 이후 쿠팡의 '로켓배송'이나 SSG의 '쓱배송' 등 다른 기업에서도 이름만 다를 뿐 비슷한 서비스를 만들 수밖에 없었다. 덕분에 요즘에는 우유와 계란부터 과일과 채소 등 상하기 쉬운 제품까지 온라인을 통해 주문하는 사람이 많아지고 있다.

창업 아이템은 사업자가 고객에게 제공하는 제품이나 서비스의 속성을 의미한다. 요즘 흔히 사용하는 용어로 고객의 페인 포인트Pain Point, 즉 고객이 겪고 있는 문제나 불편한 점을 찾아내 해결하는 것이 바로 창업 아이템이 된다.

많은 사람이 좋은 아이템이 없어서 창업을 못 한다고 하는데, 사실 좋은 아이템은 주변에 많다. 대부분의 성공적인 아이템들이 우리의 주변, 우리의 삶에서 시작됐다. 택시를 잡는 어려움에서 '우버'가 시작됐고, 다 똑같이 생긴 호텔에서는 현지 문화를 체험하기 어렵다는 불만족에서 '에어비앤비'가 탄생했으며 사무실의 비싼 보증금과 임대료 때문에 '위워크'가 생겼다. 또 방을 구하러 다니는 번거로움에서 '직방'이 등장했고 송금에 대한 불편함 때문에 '토스'가 출시됐으며 수천 장의 명함을 관리해야 하는 번거로움에서 '리멤버'가 나왔다.

이 밖에도 성공적인 기업들 대부분이 우리 주변의 사소한 불편함, 고객들이 겪고 있는 불만족에서 시작됐다고 해도 과언이 아니다. 곰곰이 생각해 보자. 우리 주변에는 불편한 점이 여전히 너무 많다. 거기에 당신의 사업 아이템이 있다.

스테이즈의 경우 최초의 아이템은 국내에 체류하는 외국인들에게 원룸이나 오피스텔을 3개월에서 6개월 정도 임대하는 것이었다. 단기 체류자는 호텔이나 모텔을 이용하고 장기 체류자는 부동산을 통해서 연 단위로 계약을 하면 되는데, 학업이나 사업으로 한국에 수개월 정도 체류하고자 하는 고객들에게는 마땅한 솔루션이 없었다. 그 문제를 해결하고자 파고든 것이다.

사업을 하다 보니 1년 단위로 계약을 하고 싶다는 유학생들의 니즈가 점점 많아졌다. 그래서 부동산 중개업을 시작했고, 고객이 원하는 방의 스타일과 가격을 누구보다 잘 알게 되면서 지금은 우리가 직접 방을 빌려 인테리어를 마친 후 재판매를 하고 있다. 처음부터 의도한 바는 아니지만 고객의 니즈에 따라 사업 모델을 조금씩 바꾼 것이다.

다음은 성공적인 스타트업과 그들이 해결한 문제다.

- 배달의민족, 요기요: 배달 음식을 시킬 때의 불편함 해소
- 당근마켓, 번개장터: 중고 거래의 위험을 이웃과의 거래로 해소
- 마켓컬리: 신선한 식품을 다음 날 새벽에 배송
- 야놀자, 여기어때: 숙박업체 검색과 예약을 손쉽게 해결
- 쏘카: 렌트카 업체에 찾아가지 않아도 편하게 차를 빌릴 수 있음
- 스테이즈: 국내 체류 외국인들이 집을 구하는 어려움 해결
- 집닥: 인테리어 업체들을 바로 비교 견적 가능
- 집토스: 임차인 수수료를 받지 않는 부동산 중개 서비스
- 카닥: 자동차 수리 견적을 쉽고 편하게 받을 수 있음
- 콴다: 수학 문제를 촬영 및 검색해 인공 지능으로 풀이
- 굿닥: 병원, 약국을 비교 검색

- 크몽: 믿을 수 있는 디자인, 번역 등의 재능을 편하게 거래를
- 위시캣: IT 개발, 디자인, 기획 등의 아웃소싱 비교 검색
- 에브리타임: 대학생들의 시간표 관리 및 커뮤니티
- 줌: 온라인으로 다수의 사람과 화상 회의 가능

창업 아이템을
선정하는 방법

어릴 때부터 손재주가 좋았던 K씨는 초등학생 때 집에 있던 미싱으로 강아지 옷을 만들어 입힐 만큼 옷을 좋아했다. 22살이 된 2005년에는 자신이 그렇게 좋아하는 옷 장사를 하기 위해 동대문 시장에서 옷을 떼다가 여러 콘셉트를 더해 인터넷에서 팔기 시작했다.

입소문이 나고 매출이 많이 오르자 2007년에는 본격적으로 법인을 만들어 사업화를 시작했고 자체 화장품 브랜드까지 만들었다. 그리고 2018년에 회사를 로레알 그룹으로 약 6,000억 원에 매각했다.

이 사람이 바로 패션업계의 입지전적인 인물인 김소희 대표다. 본인이 좋아하고 잘하는 일을 통해 고객들이 원하는 제품을 만들어서 패션업계 정상의 자리에 오른 것이다.

이처럼 앞서 말한 고객의 페인 포인트를 알았다면 그다음에는 고객의 문제를 자신이 남들보다 잘 해결할 수 있는지 아는 것이 중요하다. 그 과정에서 당신이 행복감을 느낄 수 있다면 금상첨화다. 다시 말해 창업 아이템 선정에 가장 중요한 것은 시장이 원하는 것, 창업자가 좋아하는 것 그리고 창업자가 남들보다 잘하는 것의 교집합을 찾는 것이다.

'고객이 원하는 것'은 당신이 고객에게 충분한 가치를 제공할 수 있고 고객은 그 가치에 비용을 지불할 의사가 있다는 것이다. 그러기 위해서는 비즈니스 모델이 명확해야 하고 유의미한 매출이 발생할 수 있어야 한다.

'창업자가 좋아하는 것'은 일하는 과정에서 즐거움을 느낄 수 있어야 한다는 의미다. 사업의 결과가 짧은 기간에 나오는 것이 아니라서 오랜 기간 노력과 끈기가 필요하기 때문이다. 사실 좋아하는 일을 찾기도 쉽지 않고 좋아하는 일로 사업을 한다는 것은 더더욱 쉽지 않다. 따라서 좋아하는 일을 찾지 못했다면 현재 하는 일이나 사업을 좋아하는 것이 더욱 현실적이고 현명한 방법이라고 생각한다.

'남들보다 잘하는 것'은 경쟁사와 비교해 핵심 경쟁력이나 기술력을 갖고 차별화된 제품이나 서비스를 제공할 수 있다는 것이다. 요즘은 '덕후의 시대'라고 한다. '입덕입문+덕후', '성덕성공한 덕후'이라는 말도 많이 쓰인다. 덕후는 '오타쿠おたく'라는 일본어를 한국식으로 줄여서 부르는 말로, '한 분야에 깊이 빠진 사람'을 뜻한다. 과거에는 비호감의 상징이기도 했으나 언젠가부터 '특정 분야에 최고의 전문성을 지닌 사람'이라는 말로 위상이 많이 올라갔다. 사업을 하기 위해서는 이런 덕후의 전문성이 필요하다. 덕업 일치, 즉 덕질이 직업이 되는 경우가 필요한 것이다.

당신의 제품이나 서비스를 고객이 원하지 않는다면 돈을 벌 수 없다. 자신이 좋아하지 않는 일을 한다면 오래 버틸 수 없고 돈을 벌어도 공허하다. 남들보다 그 일을 잘하지 못하면 성공할 수 없다. 좋아하지만 잘하지 못하는 일은 취미 생활로 남겨 두자. 게임을 좋아하는 사람이 모두 프로게이머가 될 수 없고 피아노를 잘 치는 사람이 모두가 피아니스트가 될 수도 없다. 반면에 창업자가 좋아하고 잘하는 일이어도 고객이 원하지 않는다면 본인의 행복 지수는 높아질지 모르겠으나 시장에서는 살아남지 못할 수 있다. 따라서 본인이 좋아하면서 잘할 수 있는 일 중에서 고객들이 원하는 아이템을 찾는다면 그것이 바로 여러분의 창업 아이템이다.

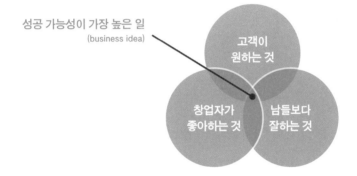

성공 가능성이 가장 높은 일
(business idea)

고객이 원하는 것

창업자가 좋아하는 것

남들보다 잘하는 것

창업 아이템이
갖춰야 할 요소

부동산에 관심이 조금이라도 있는 사람은 '호갱노노'라는 앱을 알 것이다. 아파트의 실거래가를 한눈에 볼 수 있도록 다양한 정보를 지도에 보기 좋게 보여 주는 서비스다. 호갱노노는 2016년에 론칭해서 2018년에 직방으로 약 230억 원에 인수됐고 현재는 월간 활성 이용자 수MAU, Monthly Active User가 300만 명에 달한다.

카카오의 개발자였던 심상민 대표는 네이버나 다음 같은 포털에 공시된 부동산 시세와 국토 교통부의 실거래가 정보가 차이가 크다는 점에 고객의 페인 포인트가 있다고 판단했고 2명의 개발자를 설득해 사업을 시작했다. 부동산 실거래가 정보의 비대칭과 오류를 해결하기 위해 국토 교통부의 공공 데이터를 모아서 유저에게 정확하고 보기 쉽게 제공하려고 한 혁신이 지금의 호갱노노를 만들어 낸 것이다.

이처럼 창업 아이템이 의미가 있고 실제로 가치를 창출하고 수익이 발생하는 비즈니스 아이디어가 되기 위해서는 4가지 요소를 갖춰야 한다.

명확한 고객 가치

당신의 아이템이 시장에서 성공하기 위해 필요한 것은 공급자^{사업자} 마인드로 만든 제품이나 서비스가 아니다. 만족한 고객이다. 고객의 페인 포인트를 줄이거나 해소할 수 있는 가치를 제공해야만 당신의 비즈니스는 시장에서 받아들여지고 작동할 것이다. 고객에게 독특한 가치와 경험을 제공하는 데 집중하자. 에어비앤비도 초기 고객 100명에게 감동을 주고 완벽한 경험을 주면서 사업이 성장하기 시작했다.

적절한 규모의 시장

수출 없이 내수만으로 시장 유지가 가능하게 하려면 한 나라의 인구가 1억 명을 넘어야 한다는 '1억 명 내수론'이 있다. 비슷한 맥락으로 스타트업이 자리를 잡고 성장하기 위해서는 적절한 규모의 시장이 필요하다. 국내 광고 시장 규모가 13조 원, 대리운전 시장 규모가 3조 원, 부동산 정보 서비스 시장 규모가 2조 원이다. 창업자들뿐만 아니라 많은 투자자가 최소 1조 원 이상 되는 시장 규모를 선호한다. 그래야만 시장 점유율이 낮더라도 어느 정도 의미 있는 매출을 낼 수 있기 때문이다.

한편 시장 규모가 다소 작더라도 그 시장에서 독점하거나 시장 점유율 1위를 할 수 있다면 매력적일 수 있다. 외국인 대상으로 부동산 서비스를 하는 스테이즈의 경우 처음에는 시장 규모가 작다는 이유로 투자를 받기가 어려웠으나 국내 체류 외국인 250만 명 시장에서 의미 있는 성과를 내면서 투자를 받고 성장하기 시작했다.

충분한 혁신

'혁신'이라는 용어가 기술 면에 집중되는 경향이 있는데 실제로는 여러 가지 면을 살펴볼 수 있다. 기존의 제품보다 3배는 더 쉽고, 빠르고, 편하고, 싸게 제공할 수 있다면 그 사업은 무조건 성공한다는 말이 있다. 비슷한 맥락에서 사람들을 행복하게 하는 사업은 무조건 성공한다는 말도 있다. 즉 혁신은 기능, 가격, 디자인, 유통 과정, UX, 시간과 자원의 효율화 등 모든 면에서 가능하다는 것이다.

기술의 혁신이 가장 파급 효과가 크고 성공 가능성이 높지만, 기술의 백그라운드가 없거나 기술 기반 스타트업이 아니라도 위축되지 말자. 다양한 영역에서 혁신을 통해 경쟁사가 할 수 없는 차별화 요소를 만든다면 충분히 좋은 아이템이 될 수 있다. 4,000억 원 이상의 투자를 받은 마켓컬리는 기술 기반의 스타트업이라고 하기에는 어렵다. 좀 더 신선한 제품을 새벽에 배송해 준다는 비즈니스 시스템과 유통 구조의 혁신을 만들어 냈기 때문에 사람들이 많이 사용하는 것이다.

실행 가능성

실행 가능성은 '창업자의 역량'과 '법적·제도적 제약'의 두 가지 관점으로 생각해 볼 수 있다. 창업 아이템이 아무리 좋아도 창업자가 그것을 실행할 역량이 되지 않는다면 무용지물이다. 4,000만 원대의 예쁘고 날렵하고 빠른 전기차를 만들겠다는 생각은 누구나 할 수 있지만, 지금까지 그것을 실행한 사람은 전 세계에서 일론 머스크 한 명뿐이다.

또한 '타다 사태'처럼 법적인 문제나 기득권 세력과의 갈등으로 사업이 좌초되는 경우가 많기 때문에 이와 관련한 리스크를 사전에 주도면밀하게 분석해야 한다. '타다'의 이재웅 대표는 전 다음, 쏘카의 창업자이자 투자 회사 대표다. 이 정도가 되니까 타다의 팬덤을 만들고 언론에서 관심도 주는 것이다. 일반 스타트업이 정부 정책을 비난하거나 기득권 세력과 마찰을 빚는 일은 지양해야 한다.

창업 아이템을 선정할 때
유의할 점 6가지

한때 사람들이 줄을 섰던 '대만대왕카스테라'를 기억할 것이다. 2016년에 대히트한 대만대왕카스테라는 압도적인 크기와 맛으로 짧은 시간에 인기가 전국으로 퍼졌다. 하지만 2014년 7월부터 대략 17개의 대만 카스텔라 브랜드가 생겨 경쟁이 치열해진데다가 한 방송에서 대만대왕카스테라에 쓰인 식용유와 팽창제 등을 문제 삼으면서 파장이 커졌다. 이 여파로 수많은 가맹점이 오픈한 지 수개월 만에 문을 닫아야 했다. 봉준호 감독의 영화 〈기생충〉에서도 송강호 배우가 연기한 기택이 대왕 카스테라 사업에 뛰어들었다가 망했다는 설정이 나올 만큼 사회적인 이슈였다.

창업 아이템을 선정할 때는 유의할 점 6가지가 있다.

누구나 좋다고 하는 아이템에 현혹되면 안 된다

많은 사람이 좋다고 생각하는 아이템은 그만큼 경쟁자가 많다. 대기업이나 대형 IT 업체도 진입할 수 있어서 작은 스타트업이 성공하기가 어려울 수 있다.

중고 물품을 거래하는 '당근마켓'이 좋은 예다. 기존에도 '중고나라'나 네이버에서 투자한 '번개장터' 같은 선발 주자들이 있었지만, 중고 거래 특성상 대기업에서 진입할 시장은 아니었다. 당근마켓은 동네 인증, 이웃 간 거래 시스템으로 사용자들의 신뢰도를 높여서 누적 앱 다운로드 수 2,000만을 달성했고 매월 1,000만 명이 사용하고 있다.

좋은 아이템이란, 누구나 좋다고 생각하는 아이템이 아니라 당신에게 차별화된 기술력이 있고 경쟁자의 참여가 쉽지 않으며 남들이 모방하기 어려운 사업 아이템을 말한다.

사업 아이템에도 수명이 있고 타이밍이 중요하다

기술 개발과 트렌드의 변화에 따라 고객의 니즈는 지속적으로 변한다. 그렇기 때문에 어떤 사업도 영원할 수 없다는 점을 명심하고 끊임없이 새로운 아이템을 개발해야 한다.

사업 아이템은 너무 빨라도 안 되고 너무 늦어서는 더욱 안 된다. 당신의 제품이나 서비스가 무엇이든 당장 시작해도 출시하려면 최소 3개월에서 6개월은 걸릴 것이다. 연구 개발이 필요한 제조업에서는 1년 이상 걸리는 경우도 많다. 그사이에 다른 경쟁자들이 시장을 선점할 수도 있다. 그렇다면 당신이 생각 중인 아이템이 지금이 아니라 6개월이나 1년 뒤에도 유효한 아이템인지, 이미 너무 늦은 것은 아닌지 철저하게 검증해야 한다.

2007년 아이폰이 출시된 이후 모바일 비즈니스가 성장하면서 온라인과 오프라인을 연결하는 'O2O$^{Offline\ to\ Online}$ 비즈니스'라는 개념이 나왔다. 그리고 배달, 청소, 이사, 택배, 대리운전, 퀵서비스, 택시 등 기존의 오프라인 서비스를 모바일 앱으로 주문하는 서비스들이 문전성시를 이뤘다.

2010년 이후에는 전 세계적으로 공유 경제가 뜨면서 우버, 위워크, 에어비앤비 같은 글로벌하게 성공한 스타트업들이 나타났으며 2014년부터는 토스나 뱅크샐러드 같은 '핀테크^{FinTech} 서비스'들이 대거 출시됐다. 핀테크는 금융^{Finance}과 기술^{Technology}의 합성어다. 2017년부터는 4차 산업 혁명이 화두가 되면서 인공 지능^{AI}, 빅 데이터, 자율 주행, 클라우드 같은 서비스들이 각광받고 있다. 이렇게 모든 아이템에는 때가 있다.

유행성이 지나치게 높은 아이템은 조심해야 한다

갑자기 뜨는 브랜드는 갑자기 사라지는 경우가 많다. 2013년에는 빙수 전문점이 유행이었으나 경쟁이 치열해지면서 '설빙' 같은 대형 브랜드만 살아남았다. 2014년에는 소프트아이스크림 위에 벌집을 올린 벌집아이스크림이 뜨면서 가맹점이 수백 개로 늘어났으나 벌집에 파라핀을 첨가했다는 뉴스가 나오면서 소리소문없이 사라졌다. 2015년에는 스몰비어가, 2016년에는 저가 주스 전문점 등이 폭발적인 인기를 끌었으나 지금은 그 명맥만 유지하고 있다. 이 밖에도 막걸리, 토스트, 슈니발렌, 밥버거, 핫도그 등 잠깐 유행을 탔다가 조용히 사라진 아이템이 정말 많다.

사업은 수년간 지속적으로 수익이 발생해야 한다. 수개월 만에 지나가는 열병처럼 검증되지 않은 아이템은 매우 위험하다.

국내 시장에서 검증되지 않은 아이템은 위험하다

미국이나 일본에서 뜨는 아이템을 재빠르게 가져와서 카피캣^{Copycat}을 만드는 사람들이 많이 있다. 카피캣이란, '복사하다'는 뜻인 카피^{copy}와 고양이^{cat}의 합성어로 '모방하는 사람' 또는 '흉내쟁이'를 일컫는다. 스타트업에서는 해외에서 잘되는 제품이나 서비스를 모방해 국내에서 사업을 하는 것을 말한다.

사실 쿠팡이나 티몬 같은 소셜 커머스나 플랫폼 비즈니스를 하는 국내 스타트업의 다수가 이런 경우다. 미국에서 소셜 커머스가 뜨자 한국에도 우후죽순 생겨나서 2010년에는 국내에 소셜 커머스 업체가 200곳이 넘었다. 그런데 현재 남은 곳은 쿠팡, 티몬, 위메프 빅3를 포함해 몇 군데 되지 않는다.

아무리 해외에서 잘된다고 해도 우리나라 고유의 문화나 정서를 반영하지 못하면 국내에서 제대로 자리 잡고 성장하기가 힘들다. 해당 국가 또는 지역의 특정 언어나 문화 등 현지 사용자에게 맞도록 현지화, 지역화하는 것, 로컬리제이션^{Localization}이 중요하다.

현재의 직장과 직업이 중요하다

많은 사람이 자신이 현재 하는 일에서 아이템을 찾지 않고, 현실에서 벗어난 새롭고 혁신적인 것을 꿈꾼다. 하지만 현재 하고 있는 일에서 경험과 전문성을 발휘하여 고객의 페인 포인트를 찾고 해결해야 창업을 성공할 가능성이 높다.

나의 경우 10년이 넘게 포털에서 광고 관련 업무를 하다가 스테이즈에 합류하면서 갑자기 부동산 관련 일을 하려다 보니 처음에는 전문성도 경험도 부족해 상당히 고생했다. 현재 직장을 다니고 있다면 그 분야에서 사업 아이템을 찾아보길 바란다.

현재의 직장이 중요한 또 다른 의미는 퇴사를 하기 전에 회사에서 사업 준비를 충분히 하라는 것이다. 회사를 나오는 순간 수입이 제로가 되기 때문에 절박해지고 시간이 곧 돈이 된다. 퇴사 이후 백지상태에서 맨땅에 헤딩하며 시작하는 것은 시간이 많이 들고 그만큼 비용도 많이 든다.

카카오의 김범수 의장의 일화가 유명하다. 그는 삼성SDS를 다니면서 '한게임'을 창업했는데 일반적인 사무실을 구하지 않고 조그마한 PC방을 인수했다. 그곳에서 직원들과 일하며 돈도 벌고 회사에서 받는 월급으로 직원들에게 급여를 줬다.

퇴사 이전에 창업을 충분히 준비해 비용을 최소화하고 시장에 빠르게 진입하길 바란다.

평가는 먼 사람에게 받을수록 좋다

당신의 가족이나 친구들이 인정했다고, 그것이 시장성이 있거나 고객들이 진정 원하는 아이템이라는 뜻은 아니다. 친한 사람일수록 당신의 아이템을 객관적으로 평가하기가 어렵다. 부모님처럼 당신이 창업하는 것을 반대하거나 염려하는 사람들은 '그걸 네가 왜 하니? 안정적으로 회사나 다녀라'라면서 좋지 않게 평가할 가능성이 높고, 친구들은 잘 듣지도 않고 '대박!'을 외칠 수도 있다.

완전히 모르는 사람이면 좋겠지만 쉽지 않으니 지인의 지인 정도 되는, 얼굴은 오가며 봐서 알지만 잘 모르는 사람에게 물어보자. 10문항 내외의 설문 조사지를 만들어서 최소 100명의 예비 고객에게 물어보고 시장성을 평가해 본다면 정말 중요한 정보를 얻을 수 있을 것이다. 그냥 물어보면 미안하니까 저가 브랜드의 커피 기프티콘 정도 주면 좋다.

창업의 스타팅 포인트Starting Point인 아이템의 시장성이나 고객의 니즈를 파악하는 데 20만 원에서 30만 원 정도는 투자해도 되지 않겠는가?

가능하면 시장 독식!
제로 투 원

국내 최초로 문서 전자화 사업을 하는 '악어디지털'은 제로 투 원$^{Zero\ to\ One}$의 좋은 사례다. 문서 전자화 사업이란 종이 문서를 스캔해서 디지털화하는 것을 말한다. 악어디지털은 손글씨같이 해독이 어려운 글씨도 딥 러닝$^{Deep\ learning}$을 통해 문자를 정확하게 인식하는 AI OCR로 추후 검색이나 업무 자동화까지 가능하도록 하는 기술을 갖고 있다.

악어디지털의 김용섭 대표는 〈세바시$^{세상을\ 바꾸는\ 시간\ 15분}$〉에 출연해 '제로 투 원'의 중요성을 이야기했다. 핵심은 무에서 유를 창조하고 남들이 경쟁하지 않는 영역에서 독점적 이익을 달성해야 한다는 것이다. 악어디지털은 아무도 하지 않던 문서 전자화 사업을 시작해 다년간 경험과 노하우를 쌓았다. 지금은 AI 기술력까지 확보하여 삼성전자나 네이버가 뛰어들기 어려운 생소한 분야에서 독보적인 국내 1위로 자리매김했으며 한국을 넘어 아시아 넘버원으로 그 위치를 확장하고 있다.

《제로 투 원》은 페이팔의 공동 창업자인 피터 틸의 저서로 2014년에 전 세계적으로 화제가 됐다. 0에서 1이 되는 것은 무에서 유를 창조하는 것을 의미한다. 무엇인가 새로운 것을 만들면 세상은 0에서 1이 된다. 곧 새로운 것을 창조하는 회사를 만들어야 전 세계적으로 크게 성공할 수 있다는 것이다.

피터 틸은 기존의 모범 사례를 따라 하고 점진적으로 발전해 봤자 세상은 1에서 n으로 익숙한 것이 하나 더 늘어날 뿐이라고 주장한다. 또한 독점이 나쁘고 해롭다는 기존의 인식에서 벗어나 경쟁의 함정에 빠지지 말고 독점 기업이 돼야 한다고 주장한다. 성공하려면 경쟁에서 이겨야 한다고 생각하지만 실은 경쟁하지 않고 이기는 방법을 배워야 하는 것이다.

우리가 하루에도 수차례씩 이용하는 해외 서비스인 구글, 애플, 페이스북, 인스타그램, 아마존 같은 서비스도 전 세계 대부분의 국가에서 독점적 위치에 있고 삼성, 네이버, 카카오 같은 기업들도 해당 분야에서 사실상 국내 시장을 독점한다고 볼 수 있다.

어떤 아이템 하나가 유망하다는 기사가 나오면 많은 기업이 그쪽으로 몰려드는 경향이 있다. 마치 주식 시장에서 어떤 종목이 뜬다고 하면 매수자들이 몰리는 경우와 유사하다. 하지만 우리가 모두 아는 것처럼 '어떤 종목이 오를 것이다', '어떤 지역이 개발될 것이다' 같은 기사가 나왔을 때는 이미 늦은 경우가 많다.

과거에 검색을 필두로 한 포털 서비스는 20여 개 가까이 되었고, 소셜 커머스 업체는 200개가 넘었다. 하지만 경쟁이 과열되면서 서로 광고비나 불필요한 지출을 많이 하다가 지금까지 살아남은 기업은 많지 않다. 결국 대부분 역사 속으로 사라지고 현재는 빅3 형태로 재편돼 있다.

4차 산업 혁명이 화두로 떠오른 이후에는 빅 데이터, 자율 주행, AI, 클라우드 서비스 등이 유행하고 실제로 정부 자금이나 벤처 캐피털VC, Venture Capital의 자금도 많이 유입되고 있다. 미래 먹거리 산업인 해당 분야에 뛰어난 기술력을 보유했다면 도전해 볼 만하다고 생각한다. 하지만 이렇게 유행이 됐다는 것은 이미 많은 경쟁자가 진출해 있고 그만큼 성공하기가 힘들다는 것을 의미한다. 모두 몰리는 곳에 가서 빵부스러기나 주워 먹으려고 힘 빼지 말고 남들이 잘 하지 않는 영역, 가지 않는 영역에서 1위를 하여 제대로 된 큰 빵을 먹어 보자.

다만 주의할 점은 남들이 하지 않는 사업을 하겠다고 세계 최초, 국내 최초를 고집하는 것은 위험하다. 남들이 안 하는 데는 그 이유가 있을 만하다. 대기업뿐만 아니라 많은 기업이 이미 시도해 봤는데 유의미한 매출이 발생하지 않았거나 폭발적으로 성장하기 어렵다고 판단했거나 기타 여러 이유로 접은 아이템일 수 있다. 따라서 검증되지 않은 세계 최초, 국내 최초의 아이템이라면 매우 많은 조사와 분석을 통해 시작해도 되는 아이템인지 조심스럽게 타진해 보길 바란다.

창업 초기에는 플랫폼보다
서비스에 집중하자

2013년 미국 산타 모니카에서 밥 월, 조던 메츠너, 후안 두란토 3명이 창업한 '워시오Washio'라는 세탁 대행 서비스를 창업했다. 워시오는 빠르게 미국 전역으로 확대됐고 한화로 약 186억 원의 투자를 받으며 세탁계의 우버로 떠올랐다. 창업 후 1년 만에 약 8배에 달하는 매출 성장을 이루고 기업 가치는 계속 상승했다.

그런데 워시오가 플랫폼 사업에 집중하다 보니 수거, 세탁, 배달의 3단계 프로세스에서 가장 중요한 세탁 서비스를 로컬 제휴 업체세탁소에게 모두 맡기는 실수를 범했다. 워시오는 세탁이 아닌 '1시간 내 수거와 24시간 이내 배달'이라는 속도에 집중했다. 그리고 이런 비즈니스 프로세스는 일명 '닌자'라고 불리는 수거 배송 인력의 인건비가 지속적으로 증가하는 결과를 가져왔다. 참고로 수거 배송 인력의 급여는

특이하게 배달 처리 건수가 아니라 근무한 시간에 따라 지급됐으며 시급은 20달러로 미국 최저 시급의 약 2배에 달했다.

워시오는 결국 세탁업의 본질인 깨끗한 세탁 서비스 제공과 속도 중심 스케일업에 실패했고 매출 대비 과도한 비용 구조로 3년 만에 서비스를 중단하게 됐다.

창업 초기에는 플랫폼형 비즈니스보다 서비스형 비즈니스에 집중해야 한다. 예비 창업자나 초기 스타트업을 만나면 신기할 만큼 대부분 플랫폼 사업을 하겠다고 한다. 심지어 일부 창업자들은 플랫폼 비즈니스가 무엇인지 개념도 확실하게 모르는 상태에서 플랫폼을 만들겠다고 해서 나를 당황하게 만든 경우도 있었다. 플랫폼 사업을 선호하는 이유를 물어보면 대답이 다양하다.

'큰돈을 벌 수 있어서'

'다소 쉬워 보여서'

'앱은 만들 수 있는데 직접 서비스를 할 만한 노하우는 없어서'

완전히 틀린 말은 아니다. 플랫폼 사업을 해야 아마존처럼 큰돈을 벌 수도 있고, 차별화된 기술이나 노하우가 없는 상태에서 상대적으로 쉽게 창업할 수도 있다. 문제는 플랫폼을 통해서 돈을 벌기 위해서는 엄청난 양의 거래가 발생해야 하고 그때까지 꽤 오랜 기간이 필요하다는 것이다. 미국의 아마존도 창업 이후 흑자로 전환되기까지 8년이 걸렸고 중국의 '알리바바'는 처음에 너무 거래가 없어서 직원이 제품을 올리고 또 다른 직원이 사는 작업을 계속 반복했다고 한다. 또한 해당 산업에 대한 노하우가 없다면 가장 성공하기 어려운 비즈니스 형태가 바로 플랫폼이다.

플랫폼은 '기차역 승강장'을 뜻하지만, 비즈니스 영역에서 플랫폼은 수요자와 공급자가 만나서 거래할 수 있는 마켓플레이스Marketplace: 장터를 의미한다. 플랫폼 비즈니스란, 사업자가 플랫폼을 만들고 다수의 수요자와 공급자를 모아 거래를 발생시켜 수수료를 받는 사업이다. 대표적인 플랫폼 사업자로 해외에는 아마존이나 유튜브, 에어비앤비 등이 있고 국내에는 네이버와 카카오, 배달의민족, 야놀자, 직방 등이 있다. 이들의 공통점은 직접 제품이나 서비스를 만들지 않고 수요자와 공급자를 연결해 주는 역할만 한 뒤 거래 대금의 일정 부분 수수료를 수취한다는 것이다.

플랫폼형 비즈니스

＊2020년 8월 기준, 수수료는 상품과 상황에 따라 변동될 수 있음

산업군	대표 회사	수수료
이커머스	아마존, 11번가, 지마켓	6~20%
숙박	야놀자, 여기어때	7~20%
앱 스토어	구글플레이, 앱 스토어	30% 내외
광고	네이버, 카카오	별도의 과금 체계
배달	배달의민족, 요기요	5~13%

대표적인 플랫폼 사업자

반대로 서비스형 비즈니스는 사업자가 직접 제품을 만들거나 소싱Sourcing해 판매하거나 직접 서비스를 제공하는 것을 의미한다. 해당 분야에 대한 전문성과 노하우가 있어야 하며 고객을 만족시키고 고객 CS도 직접 담당해야 한다.

수요자 demand	구매/결제 → 제품/서비스 제공	서비스 사업자

서비스형 비즈니스

나는 허상에 빠져 플랫폼 비즈니스를 하겠다는 창업자에게 창업 초기에는 서비스형 비즈니스부터 시작해 보라고 권고한다. 물론 수요자와 공급자가 많아지고 거래가 빈번하게 발생하기 시작하면 플랫폼 사업자가 훨씬 더 큰 수익을 창출할 수 있다. 하지만 서너 명으로 시작하는 작은 스타트업은 수요자와 공급자 어느 쪽 하나도 제대로 모으기 힘들기 때문에 유의미한 수준의 거래나 매출이 발생하기가 어렵다.

따라서 처음에는 창업자가 직접 해당 서비스를 해 보면서 수요자를 파악하고 모아야 한다. 창업자가 스스로 해당 산업에 대한 전문성과 노하우를 보유해야만 향후 플랫폼 사업을 할 때 평판이 좋은 공급자를 많이 모을 수 있다. 또 수요자가 무엇을 좋아하는지, 어떤 CS가 발생하는지 등을 미리 경험했기 때문에 적절한 대처가 가능하다.

예를 들어 부동산 플랫폼을 하겠다면 공인 중개사 자격증을 따거나 자격증을 따지 않더라도 부동산 영역의 전문가가 돼 보자. 청소, 이사, 세탁 등 중개 플랫폼을 하겠다면 직접 현장을 다니면서 세탁도 하고 청소도 하고 이삿짐도 날라 보며 노하우를 습득하자. 어떤 업체가 잘하는지, 고객들은 어떤 니즈가 있는지, 빈번하게 발생하는 CS는 무엇인지 등을 사전에 파악하자. 그래야만 수요와 공급을 제대로 많이 모을 수 있다.

사업 타당성을
분석하는 방법

2014년에 시작된 국내 최초의 광고 기반 무료 음원 스트리밍 서비스인 '비트^{Beat}'는 2015년 12월에 가입자가 600만 명을 넘어섰고 200억 원 가까운 투자를 받았다. 그러나 결국 비용 구조 악화와 추가 투자 유치 실패로 2016년 11월에 서비스를 종료하게 됐다. 선풍적인 인기를 끈 비트가 왜 2년 만에 서비스를 종료하게 됐을까? 여러 가지 이유가 있겠지만 가장 중요한 것은 사업 타당성에 대한 분석이 잘못됐기 때문이다.

국내 음원 사용료 비용 규정은 크게 종량제와 정액제로 나뉘어 있다. 종량제는 음원을 들은 횟수만큼 과금하는 방식이고 정액제는 월 사용료를 내면 횟수와 상관없이 무제한으로 음원을 들을 수 있는 방식이다. 우리나라에서는 음원 1회 재생당

종량제의 경우 7.2원, 정액제의 경우 3.6원의 저작권료를 지불해야 한다.

다시 말해 네이버뮤직이나 벅스뮤직에서 월 정액제에 가입한 사용자가 한 곡을 재생할 때마다 업체는 3.6원을 저작권협회에 내야 한다는 것이다. 문제는 무료 스트리밍 서비스에 대한 규정이 없다 보니 비트에 종량제 금액인 7.2원의 저작권료를 내게 했다는 것이다. 마땅한 수익 모델도 없는 상황에서 유저가 많아질수록 비용이 커지는 상황이 된 것이다. 생각해 보자. 식당을 하는데 손님이 많이 올수록 돈을 버는 것이 아니라 반대로 손해가 커진다면 가게를 계속 운영할 수 있겠는가?

"돌다리도 두드려 보고 건너야 한다"라는 속담이 있다. 모두가 아는 것처럼 안전해 보이는 일도 신중하게 검토해야 한다는 뜻으로, 창업할 때도 이는 매우 중요하다. 여러분이 하고자 하는 사업이 똥인지 된장인지 알기 위해서는 사업 타당성 분석을 철저하게 해야만 한다.

창업을 하기 전에 사업 타당성 분석을 하면 사업 추진에 따른 문제점과 제약 요소를 파악할 수 있다. 이로써 창업의 실패 가능성을 감소하고 객관적이고 체계적인 분석을 통해 성공 가능성을 증대할 수 있다. 또한 현실 상황을 정확하게 파악할 수 있고 정치 환경, 경제 상황, 소비자 트렌드, 기술 변화 등을 예측해 적절하게 대응할 수 있다.

사업 타당성 분석이란, 하고자 하는 사업의 성공 가능성을 체계적으로 점검하는 것이다. 특히 재무적인 관점에서 제반 요소를 분석하는 것을 말한다. 창업자는 신규로 진출하고자 하는 사업의 가치를 평가하기 위해서 시장성 분석, 기술성 분석, 경제성 분석, 공익성 분석 등을 단계적으로 해야 한다. 외부 전문가 또는 제삼자에게 사업성 분석을 의뢰할 수도 있지만, 창업자 자신이 스스로 사업 타당성 분석을 해 보기를 추천한다.

시장성 분석

- 시장 특성 및 구조
- 시장의 매력도(투자 수익률)와 시장 진입 가능성
- 시장 규모, 시장의 성장성, 잠재 수요 추정, 시장 점유율 예측
- 거시 환경 분석
- 산업 환경 분석
- 경쟁 환경 분석
- 고객 환경 분석
- 입지 환경 분석

기술성 분석

- 제품이나 기술의 차별성, 독창성
- 제품의 수명 주기
- 지식 재산권, 핵심 기술 보호 방법
- 기술 개발 전략, 기술 관리 전략
- 국내외 경쟁 업체 현황
- 기술의 미래 가치
- 주요 시설의 적정성

경제성 분석

- 국내외 경제 구조
- 소요 자금, 원가 분석
- 자금 조달의 적정성
- 매출 및 비용 추정
- 자금 수지 분석
- 현금 흐름, 재무 상태 추정
- 손익 분기점 분석

2.

Start-up Team Building

스타트업
팀 빌딩

경영의 즐거움 중 빼놓을 수 없는 것이 약한 자들이 힘을 합해 강자를 이기

고 평범한 사람들이 힘을 합해 비범한 결과를 내는 것이다.

그것을 가능케 하는 것이 바로 팀워크다. 팀워크는 공통된 비전을 향해 함께

일하는 능력이며, 평범한 사람들이 비범한 결과를 이루도록 만드는 에너지

원이다.

- 앤드류 카네기

가장 중요한 것은
언제나 사람이다

"인사가 만사다."

인사^{人事}는 사람을 채용하고 배치하는 것을 말한다. 만사^{萬事}는 1만 가지의 일, 즉 모든 일을 뜻한다. 훌륭한 인재를 뽑아 적재적소에 잘 배치하는 것이 가장 중요하다는 뜻이다.

이이의 《율곡전서》를 보면, 세종대왕은 사람을 쓰되 자기 몸과 같이 하였다고 한다. 현인과 재능 있는 이를 쓰되 그 부류를 따지지 않았고 임용하고 채택함에 오롯이 하여 참소와 이간질이 들어갈 수 없었다고도 한다. 또 지위가 그 재능에 합당하면 종신토록 바꾸지 않았다.

만약 세종대왕에게 이런 인재관이 없었다면 노비 출신 장영실을 중용하지 않았을 것이고 그랬다면 자격루^{물시계}, 양부일구^{해시계}, 간의^{천문 관측 기구}, 측우기 등은 발명되지 않았을 것이다.

스타트업이 성공하기 위해서는 많은 것이 필요하다. 시대에 적합한 아이디어와 앞선 기술력, 우수한 인재를 중심으로 한 팀 빌딩, 수익성 중심의 비즈니스 모델, 마케팅과 영업에 대한 전문성, 적절한 타이밍의 투자 유치 등 여러 가지가 필요하고 심지어 때로는 하늘의 도움까지 필요하다.

이 조건들은 어느 것 하나 쉬운 일이 없고 모든 것이 다 중요하다. 하나라도 제대로 갖춰지지 않으면 생존하기가 어렵고 기관 투자자들로부터 투자받기도 어려우며 들어서 알 만한 성공적인 스타트업이 되기는 더더욱 어렵다. 물론 초기 스타트업은 모든 것을 갖출 수 없기에 우선순위가 필요하다. 그러므로 선택과 집중을 해야 한다. 스타트업에서 가장 중요한 요소를 하나만 선택하라고 한다면 나는 단연코 '팀 빌딩'이라고 말하고 싶다.

팀 빌딩이 필요한 이유

사업을 성공시키기 위해서는 다양한 분야의 전문성이 필요하다. 조그마한 식당을 해도 요리를 담당하는 사람과 홀 서비스를 담당할 사람이 필요하다. ICT^{정보 통신 기술} 기반의 스타트업을 할 때는 기획자, 개발자, 디자이너, 마케터 등 많은 전문가가 필요하기 때문에 공동 창업은 선택이 아니라 필수다. 속도가 생명인 스타트업에서는 공동 창업을 통해 전문화, 분업화를 해서 빠르게 성장해야만 한다.

물론 혼자서 기획, 개발, 디자인, 마케팅까지 모두 가능해 1인 창업을 하는 사람도 가끔 있다. 하지만 그렇게 해서 애플리케이션 하나를 만드는 데 1년이 넘게 걸린다면 무슨 소용이 있겠는가? 1인 창조 기업이나 1인 크리에이터는 예외일 수 있으나 유명한 유튜버인 씬님, 도티, 양띵 등도 모두 회사를 설립했거나 소속사에서 팀으로 움직이고 있다.

　성공한 창업자들의 공통점 중 하나는 역량이 다양한 사람들로 창업 팀을 구성해서 본인의 부족한 부분을 채웠다는 점이다. 많은 창업자가 본인이 다루기 편한 사람이나 친한 주변 사람들 위주로 팀을 구성하는 실수를 범한다. 그러나 친분을 떠나서로 시너지가 나는 사람들로 팀을 구성해야만 한다. 처음부터 완벽한 창업 팀을 꾸리기가 어려운 스타트업은 외부 전문가를 아웃소싱하여 부족한 부분을 보완하는 것도 필요하다.

　창업 초기에는 매출이나 성과가 약하기 때문에 다른 무엇보다 창업 팀이 훌륭해야 투자받을 가능성이 높아진다. 특히 ICT 기업인 경우에는 대표자의 역량뿐만 아니라 개발 인력의 경험이나 스펙도 많이 고려해야 한다. 모 게임사에서 히트한 게임을 개발했던 팀이 통째로 나올 때 케이큐브벤처스[현 카카오벤처스]에서 법인 만드는 것부터 도와주고 투자했다는 유명한 일화도 있다.

　결론은 기승전 '팀 빌딩'이라는 말인데, 이만큼 중요하기 때문에 창업자는 훌륭한 창업 팀 또는 공동 창업자를 구하기 위해서 삼고초려가 아니라 십고초려라도 해야 한다.

기업가 정신이
필요한 이유

창업 초기에 가장 힘들었던 점은 바로 멘탈 관리였다. 창피한 이야기지만 나는 이전 직장에서의 라이프 스타일과 비교하며 스스로를 못살게 굴었다. 주 6일에 하루 12시간 이상 근무, 5배 가까이 늘어난 출퇴근 시간, 전 직장과 대비해 5분의 1로 줄어든 월급과 더불어 살면서 한 번도 해 보지 않은 불합리한 일들이 나를 너무 힘들게 했다. 무엇보다 나의 소득이 줄면서 아이들이 다니는 학원 수를 줄이거나 자동차를 파는 등 여러 가지 금전적 문제에도 부딪혔다. 가족에게 피해가 발생하는 상황에 '내가 이러려고 창업을 했나?' 하는 자괴감까지 들었다.

그때마다 정말로 이렇게 하는 것이 맞는지, 언제까지 이렇게 살아야 하는지 하루에도 몇 번씩 고민하고 마음을 다잡는 일을 반복했다. 결국 셀 수 없이 반복되는 고민과 번뇌를 사업을 통해 얻는 성취와 희열과 '더는 물러설 수 없다'는 절박한 마음으로 이겨 내고 또 이겨 냈다.

흔한 말이지만 좋아하는 일을 찾기가 어렵다면 하는 일을 좋아하는 게 정답이다. 나는 부동산 관련 일이 적성에 맞지 않아서 힘들었지만, 이왕 시작한 거 이 일을 사랑하기로 했고 급기야 공인 중개사 자격증까지 취득했다. 창업할 때부터 기업가 정신을 이해하고 멘탈을 잘 관리했더라면 이렇게까지 힘들지는 않았을 것이라고 생각한다.

기업가 정신Entrepreneurship은 외부 환경 변화에 빠르게 대응하면서 사업 기회를 포착하고 혁신적인 사고와 행동을 통해 시장에 새로운 가치를 창조하고자 하는 생각과 의지를 말한다. 창업자는 새로운 사업에서 야기될 수 있는 위험을 부담하고 어려운 환경을 헤쳐 나가면서 기업을 키우려는 뚜렷한 의지를 갖고 있어야 한다.

이는 미국의 경제학자인 슘페터가 강조한 것으로, 미래의 불확실성 속에서도 장래를 정확하게 예측하고 변화를 모색하는 것이 기업가의 주요 임무라고 말했다.

기업가 정신에는 다양한 요소가 필요하다. 정리하면 다음과 같다.

기업가 정신의 여러 요소

사업 기회 포착 / 혁신적인 사고 / 위험 감수 / 창조적인 생각 / 실행 능력 / 성취하려는 의지 / 몰입 능력 / 실패에 대한 인내 / 문제 해결 능력 / 긍정적인 자세 / 모험심, 도전 정신 / 팀워크 / 리더십 / 멘탈 관리 능력 / 책임감 / 확고한 비전

이처럼 성취하고자 하는 의지, 문제 해결 능력, 책임감, 리스크 테이킹^{Risk Taking}, 리더십과 팀워크, 창조적이고 혁신적인 생각 등 많은 것이 중요하다. 이 모두를 차치하고 창업 초기에 가장 중요한 것은 크고 작은 실패에 대한 인내와 멘탈 관리 능력이라고 생각한다.

창업을 하면 그 전에 무엇을 상상하든 그 이하를 보게 될 것이다. 살면서 한 번도 경험해 보지 못한 일을 하게 되고 또 그 일을 해내야만 한다. 게다가 대부분의 일은 계획대로 되지 않을 것이다.

'내가 정말 이렇게까지 해야 하나?'

'나는 누구인가? 여긴 어디인가?'

'주말도 없이 하루 15시간씩 일하는 게 맞나?'

'그냥 포기하고 다시 취업을 할까?'

그래서 하루에도 이런 고민을 수십 번씩 하게 될 것이다. 하지만 결론은 하나다. 살아남기 위해서는 당신이 생각하는 최악의 상황을 일반적인 상황으로 받아들이고 버틸 수 있는 강한 멘탈이 필요하다.

미국의 실리콘밸리에서는 비슷한 맥락으로 이런 정신을 그릿^{GRIT}이라고 표현한다. 그릿은 미국의 심리학자이자 펜실베이니아 대학교의 교수인 앤절라 더크워스가 성장^{Growth}, 회복력^{Resilience}, 내재적 동기^{Intrinsic Motivation}, 끈기^{Tenacity}의 앞 글자를 따서 개념화한 용어로 성공에 결정적인 영향을 미치는 투지를 말한다. 창업을 하고 성공적인 기업을 만들기 위해 겪어야 하는 많은 고통과 오욕의 시간을 그릿을 통해서 이겨 내야 한다.

티비엔에서 방영한 드라마 〈나의 아저씨〉에는 이런 대사가 나온다.

"인생은 내력과 외력의 싸움이다."

그렇다. 내력이 외력보다 강하면 우리는 버틸 수 있다. 내력을 키워야 한다.

공동 창업자는
두 번째 반려자다

애플과 구글의 공통점은 무엇일까? 바로 상보적 관계의 사람들이 공동 창업을 하여 인류 역사상 손꼽히는 크고 영향력 있는 회사를 만들었다는 것이다.

애플은 1976년에 스티브 잡스와 스티브 워즈니악이 공동으로 창업했다. 비즈니스의 천재 스티브 잡스가 컴퓨터 천재 스티브 워즈니악과 만나 엄청난 시너지를 만들어 냈다.

구글은 1998년에 래리 페이지와 세르게이 브린이 함께 창업했다. 외향적인 세르게이 브린이 남의 주목을 받는 데 익숙하고 실용적이며 문제 해결에 뛰어난 반면 래리 페이지는 내성적이고 신중하고 분석적인 스타일이었다. 이 두 사람의 상보적 관계는 현재의 구글 제국을 만드는 데 큰 역할을 했다.

너무 먼 나라 이야기인가? 국내에도 이런 사례가 많다. 넥슨은 1996년에 카이스트 박사 과정에서 만난 김정주와 송재경이 공동 창업했다. 네이버는 1999년에 이해진 의장을 포함해 8명의 공동 창업자가 함께 만들었다. 카카오로 600억 원에 인수된 '록앤올^{김기사 내비게이션}'은 포인트아이라는 위치 기반 서비스 회사를 함께 다녔던 박종환, 김원태, 신명진 세 사람이 창업해 엑시트^{Exit}까지 한 멋진 사례. 지금은 '김기사랩'을 만들어 후배 스타트업들에게 투자도 하고 있다.

회사의 브랜딩을 위해 미디어에는 혼자 창업한 것처럼 보이는 회사들도 대부분 그 뒤에는 함께 창업을 하고 역할을 분담해서 회사를 키운 공동 창업자들이 있었다. 삼국지의 유비, 관우, 장비도 세 명이 공동 창업해 천하를 호령했는데 유비만 주로 부각되지 않았던가?

스타트업은 팀 스포츠와 유사하기 때문에 선수가 없으면 게임 자체를 할 수가 없다. 투수나 포수 없는 야구 시합을 못 하는 것처럼 스타트업에서는 기획자, 개발자, 디자이너 등이 없다면 비즈니스를 시작조차 할 수 없다. 1인 창조 기업이나 프리랜서로 창업할 게 아니라면 공동 창업자는 반드시 구해야 한다.

공동 창업자를 구하기 위해서는 나름의 철학이 필요하다. 어떤 사람은 일을 잘해도 인성이 나쁠 수 있고, 어떤 사람은 착한데 성과가 안 나올 수도 있다. 또한 모든 면에서 뛰어난 사람이지만 지분이나 급여 조건이 안 맞을 수도 있고, 그 모든 난관을 이겨 내고 팀에 합류해도 스타트업의 어렵고 힘든 상황을 버티지 못하고 3개월 만에 나갈 수도 있다. 따라서 창업자는 나름의 철학을 갖고 분야별로 적재적소에 최적의 공동 창업자를 구하는 데 많은 시간을 할애하고 최선을 다해야 한다.

공동 창업자에 대한 철학

공동 창업자를 구하는 것은 마치 배우자를 구하는 것과 같다

배우자가 평생을 함께할 반려자라면 공동 창업자는 일정 기간 비즈니스의 성공을 목적으로 함께할 파트너다. 단언컨대 당신이 창업을 해서 정말로 열심히 하고 있다면 잠자는 시간을 포함해도 가족보다 공동 창업자와 함께 있는 시간이 더 많을 것이다.

이런데도 주변을 보면 공동 창업자를 구하는 노력이 배우자는커녕 반려동물을 구하는 노력보다 부족한 사람이 많다. 스타트업이 정상적인 궤도에 오르기까지는 최소 3년에서 5년이 필요하다. 이 기간 동안 한곳을 바라보면서 하루 10시간 이상 함께 있어야 하는 사람이 공동 창업자다. 무엇보다 스타트업은 공동 창업자의 능력과 노력에 따라서 사업의 성패가 결정되기 때문에 그만큼 신중하게 선택해야 한다. 공동 창업자도 배우자만큼 인생에서 중요한 사람이다.

야망과 꿈의 크기가 비슷한 사람들이 모여야 한다

그래야만 빠른 속도로 실행하고 무언가 만들어지고 고통과 오욕의 세월을 함께 버틸 수 있다. 한 사람은 지구 정복이나 우주 정복을 꿈꾸는데 한 사람은 안분지족하는 편안한 삶을 꿈꾼다면 각자도생하는 것이 맞다. 또 한 사람은 죽으나 사나 IPO Initial Public Offering: 기업 공개 / 상장까지 달려가겠다는데 한 사람은 일정 수준의 회사 가치만 돼도 빨리 회사를 팔고 엑시트하기를 원할 수 있다. 누군가는 엑시트하고 은퇴해서 편하게 살기를 바라고 누군가는 연쇄 창업자의 길을 걷는다. 그러므로 꿈의 크기가 비슷해야 공동의 목표를 향해 끝까지 함께 달려가기에 유리하다.

야망과 꿈의 크기는 비슷하되 성향은 다른 사람들이 모여야 한다

대체로 비슷한 유형의 사람들끼리 친하고 사업도 같이하는 경우가 많다. 하지만 그렇게 하면 커뮤니케이션은 수월할지 모르나 상보적 관계가 될 수 없다. 흔한 말로 누군가가 일을 벌이고 치고 나가는 스타일이라면 누군가는 뒤에서 수습하고 챙겨줘야 한다. 누군가는 다소 덜렁대지만 추진력이 뛰어나다면 누군가는 다소 느리지만 꼼꼼하게 처리해야 한다. 누군가는 사람들 앞에 나서는 걸 좋아하고 언변이 뛰어나다면 누군가는 뒤에서 조용하게 오퍼레이션Operation, 운영을 책임질 수 있어야 한다. 그렇게 조화가 이뤄질때 사업의 완성도가 높아지고 성과를 낼 수 있다.

나의 꿈이 아니라 우리의 꿈이 돼야 한다

혼자 꾸는 꿈은 외롭고 힘이 약하다. 자신만의 꿈이 아니라 우리가 함께 꾸는 꿈이어야 하고, 함께 있을 때 두려운 것이 없어야 한다. 공동 창업자를 구한다는 것은 '이 길이 맞다'고 설득하거나 지시할 사람을 찾는 것이 아니라 같은 방향을 바라보고 함께 길을 걸어갈 길동무를 찾는 것이다. 사업에서는 실패할 수 있으나 사람에게는 실패하지 말아야 한다. 그래야만 실패하더라도 딛고 일어나서 새로운 아이템이나 피버팅Pivoting을 통해 또 다른 꿈을 함께 꿀 수 있다.

참고로 피버팅이란, 회사의 비즈니스 모델이나 사업 방향을 전환하는 것을 말한다. A에서 B로 완전히 다른 사업을 하는 것이 아니라 본래 사업의 골격을 유지하고 시장이나 경쟁 상황에 따라 유연하게 대처하는 것이다. 초기 아이템이 가능성이 없다는 판단이 들면 과감하게 다른 방법을 찾아야 한다. 피버팅을 제대로 하기 위해서는 제품, 전략, 성장에 대한 새롭고 근본적인 가설을 세우고 그것을 지속적으로 테스트해야 한다. 유튜브가 영상 데이트 서비스로 시작했다가 동영상 플랫폼으로 바꾼 것이 피버팅의 대표적인 사례다.

비를 피하는 사람이 아니라 폭풍 속에서 함께 춤출 사람이어야 한다

스타트업의 공동 창업자는 단순히 직장 동료를 넘어 함께 전쟁에 나가는 전우와 가깝다. 공동 창업자는 적지 않은 기간 동안 인생을 걸고, 함께 위험을 감수하고, 전쟁터에서 함께 싸울 사람이다. 비가 좀 온다고, 천둥 번개가 친다고 움츠러들고 피하는 것이 아니라 폭풍 속으로 달려들어 함께 비바람을 맞으면서 춤도 출 수 있어야 한다.

열정보다는 전문성이 중요하다

열정은 여전히 좋은 뜻이지만 다소 올드한 단어가 돼 버렸다. 성과가 나지 않는 열정 페이 또한 원치 않는다. '열심히 하는 것보다 잘해야 한다'는 말이 그런 의미일 것이다. 물론 창업 초반에는 다들 처음인 경우가 많아 몸으로 부딪치고 학습하는 시간이 필요하겠지만 일정 기간이 지나면 업계 최고까지는 아니어도 그 분야의 선수급은 돼야 한다. 그리고 서로 영감을 주고 배울 수 있는 사람이어야 한다. 공동 창업자가 전문성이 있어야만 성과를 낼 수 있고, 좋은 직원을 뽑을 수 있고, 투자도 받을 수 있다.

셀프 모티베이션이 강한 사람이어야 한다

《백세코딩》의 저자인 신현묵 님은 스타트업의 임원을 '스스로 일어선 자'라고 표현했다. 비슷한 맥락으로 공동 창업자는 누군가가 지시하기 전에 뭔가를 알아서 하고, 뭔가를 해내는 사람이어야 한다. 또한 셀프 모티베이션이 강한 사람이어야 한다. 공동 창업자까지 동기 부여를 하며 업어 키우기에는 우리가 갈 길이 너무 멀고 바쁘다.

지금은 너무나 유명한 애플, 에어비앤비, 위워크 같은 회사도 상보적 관계의 두세 명이 모여 기업을 만들고 사회적 문제를 해결하며 고객을 만족시켰고 글로벌 기업이 됐다.

인생에 정답이 없듯이 공동 창업자에 대한 기준이나 철학에도 정답이 없다. 유비가 관우와 장비를 공동 창업자로 영입하면서 도원결의를 했고 제갈량을 영입하기 위해 삼고초려를 했듯이 우리도 마찬가지로 자기 나름의 뚜렷한 철학과 기준으로 공동 창업자를 찾는 노력을 해야만 한다.

공동 창업자를 구할 때 저지르는 흔한 실수

대학교 4학년 B씨는 대기업에 취업하고 싶었지만 생각처럼 잘되지 않았다. 의류 쇼핑몰이 창업하기가 수월하고 돈도 잘 벌 수 있다는 말에 쇼 호스트 업체를 통해서 쇼핑몰을 차렸다. 그리고 취업이 안 돼서 놀고 있는 대학 친구 2명을 창업 멤버로 끌어들였다. 전문성은 없었지만 신뢰할 수 있고 일하기 편하다는 장점이 있다고 생각했기 때문이다. 명함에는 대표 이사, 전무 이사, 상무 이사를 넣었다. 책에서 본 대로 지분도 나눠 가졌다.

정부 지원 자금을 받기 쉬워졌다는 소문에 지원해 봤으나 혁신성이나 기술력이 전혀 없는 쇼핑몰인 데다가 사업 계획서도 잘 쓰지 못해서 대부분 서류 심사에서 불합격하고 있다. 동대문에서 옷을 떼다가 팔기 위해 신용 카드로 미리 결제하고 스튜디오를 빌려 사진을 찍어 올렸지만 잘 팔리지 않는다. 그래서 재고를 보관하는 창고 비용도 만만치 않게 나가고 있다. 쇼핑몰을 알리려면 온라인 광고를 해야 한다는 소리를 듣고 홍보가 안 돼서 그런 것 같아 또다시 빚을 내 포털 사이트에 광고를 시작했다. 그래도 성과는 나오지 않고 팀원들은 서로를 탓하기 시작한다.

이럴 거면 그냥 취업이나 하자는데 빚을 갚지 못해서 쉽게 그만두지도 못한다. 악순환의 시작이다. 어디서부터 잘못된 걸까?

이 대학생처럼 많은 사람이 공동 창업자를 구할 때 저지르는 실수를 정리해 보겠다. 이를 통해 반면교사하길 바란다.

어린 창업자일수록 인적 네트워크가 약하다. 그래서 매우 협소한 지인 네트워크 중에서 공동 창업자를 구하게 된다. 신뢰할 사람을 찾는다는 점에서 좋은 방법이 될 수도 있으나 문제는 해당 분야, 담당하게 될 업무의 전문성은 전혀 없는 사람이 그저 친하다는 이유로 공동 창업자가 되고 중요한 업무를 맡게 된다는 것이다. 예를 들어 이런 식이다.

'경영학을 전공했으니 마케팅을 담당해라.'
'컴퓨터 공학과를 나왔으니 CTO^{Chief Technical Officer: 최고 기술 경영자}를 해라.'
'회계는 아무것도 몰라도 동생이니까 믿을 수 있으니 재무 담당을 해라.'

영문학을 전공했다고 영어를 다 잘하는 게 아닌 것처럼, 컴퓨터 공학과를 나왔다고 모두가 코딩을 잘하는 것이 아니다. 경영학 전공자 중에도 마케팅을 모르고 재무

제표를 못 보는 사람이 많다. 안타깝게도 창업자가 대학생이거나 20대 후반, 30대 초반인 많은 스타트업이 이렇게 공동 창업자를 구하고 팀 빌딩을 하고 있다. 끼리끼리 어울린다고, 편한 또래끼리 창업을 하고는 자기들이 '어벤저스'라고 한다. 제발 IR 장표에 어벤저스라는 단어나 이미지는 넣지 말자.

초기 스타트업이 해당 분야의 최고 전문가를 영입하기는 어렵지만, 최소한 해당 업무를 평균 이상으로 해 줄 사람을 찾아야 한다. 결국 전문가를 영입하지 못해서 주니어급 위주로 팀이 결성됐다면 당장은 어렵지만 수개월 이내에 강도 높은 학습과 실행으로 역량을 일정 수준 이상 끌어올려야 한다. 현실적인 방법으로는 일하는 시간을 늘리고 잠을 줄이는 수밖에 없다.

경력이 많은 사람도 당연히 실수를 한다. 나 역시 유명한 IT 기업에 다니고 경력이 10년이 넘었다는 이유로 일면식도 없는 개발자를 찾아가 사업 설명을 하면서 CTO를 해 달라고 부탁한 적이 있다. 전문성은 있었을지 모르겠으나 상호 신뢰가 전혀 없었고 지분 문제를 시작으로 다양한 변수가 발생하면서 결국 실패하고 말았다. '신뢰는 차차 쌓아 가면 되겠지'라는 안일한 생각이 문제였다.

조금 다른 이야기지만 어렵사리 CTO를 구했더라도 CTO가 개발자 모두를 자신의 지인 중심으로 꾸리는 경우가 있는데, 이 역시 문제의 여지가 생긴다. CEO와 문제가 생겨 CTO가 나가게 될 때 팀원들도 모두 데리고 나가면서 회사의 존폐 위기가 올 수 있기 때문이다. 어느 분야든 창업자 이외에 특정 개인의 네트워크를 중심으로 조직이 세팅되는 것은 위험하다. 다행히 잘돼서 회사가 커져도 사내 정치나 파벌 싸움의 원인이 될 수 있다. 누군가가 그랬다. 사람 100명이 넘게 모이면 그 조직은 관료적으로 될 수밖에 없다고 말이다.

창업자와 친한 사람이 필요로 하는 분야의 전문가이고, 그가 당신과 함께 일하고 싶어 한다면 당신은 아마도 전생에 나라를 구했을 것이다. 하지만 전생에 나라를 구한 사람은 그리 많지 않다.

현명하게
공동 창업자 구하는 방법

창업자 A씨는 공동 창업자를 구하기 위해 오늘도 대학 동기나 친구 중에서 누가 같이 하면 좋을지 고민 중이다. 자신에게 가장 편한 사람들이고 함께 일하면 재미있을 것 같기 때문이다. 취업 사이트에서도 검색하고 몇몇 사람과 연락을 해 봤다. 그러나 역량이 되면 급여가 너무 높고, 급여가 적당하면 역량이 못 미친다. 그러면서 팀 빌딩은 계속 지연되고 시간만 자꾸 흘러간다. 아이템만 좋으면 됐지 팀이 얼마나 중요한가 싶어서 그냥 지인 중에 대충 조건이 맞는 사람들과 팀을 꾸리려고 한다.

창업자 B씨는 공동 창업자를 구하기 위해 회사에서 실력 있는 개발자를 찾아가기도 하고 모임 플랫폼을 들여다본다. 각종 스타트업 관련 모임이나 해커톤에 나가서 백방으로 좋은 사람을 찾고 있다. 사업을 시작할 때 가장 중요한 것이 사람이기 때문에 최선을 다해서, 모든 정성을 다해서 좋은 팀을 만들고자 한다. 그래야만 성공적인 스타트업을 할 수 있다고 생각한다.

이 두 사람 중 누가 더 좋은 창업 팀을 만들고 투자를 받으며 성공 가능성이 높을까?

공동 창업자를 구하는 방법

사돈의 팔촌까지 샅샅이 찾아보라

초반에는 어쩔 수 없이 개인 네트워크를 최대한 활용해서 전문가를 찾아야 한다. 다시 말해 전공과 상관없이 친분, 학연, 혈연, 지연 중 본인이 아는 선에서 최고의 전문가를 영입해야 한다. 현재 회사에 다닌다면 그 회사에서 실력과 평판이 좋은 사람을 찾아가라. 가볍게 차 한잔하면서 사업 이야기나 업무 이야기를 하는 것은 결과를 떠나 굉장히 좋은 노력이다. 그 사람이 안 되면 다른 사람을 소개받을 수도 있다.

사람들이 모이는 곳으로 찾아가라

각종 스타트업 행사, 데모데이, 밋업에 참여해 좋은 사람들을 찾아보는 것도 좋다. 대부분이 친한 사람들과 맥주를 마시면서 수다만 떨다 가는데 그러면 아무 소용이 없다. 스타트업 채용 박람회에 참가하는 것도 좋은 방법이 될 수 있다. 보통 '이런 행사에 좋은 사람이 오겠어?'라고 생각하고 참여조차 안 하는데 아무것도 안 하는 것보다는 훨씬 낫다. 그리고 이런 행사에 오는 사람은 일단 스타트업에 대한 열의가 있고 태도가 좋은 사람이다. 스타트업에는 하나도 관심이 없는 사람, 멀쩡하게 좋은 회사에 다니고 있는 사람을 설득하는 것보다 훨씬 수월하다.

스타트업 전문 채용 플랫폼을 활용하라

'로켓펀치', '원티드', '데모데이' 등 스타트업 전문 구인구직 사이트나 'I Want You for Startups' 같은 스타트업 구인 구직 공고 및 정보 교환이 목적인 페이스북 그룹을 활용하는 것도 좋다. 잡코리아, 인크루트 등이 대기업과 중소기업 중심 채용 플랫폼이라면 이 그룹들은 스타트업 중심이다. 그러나 이것만으로 너무 큰 기대는 말자. 귀인은 그렇게 쉽게 오지 않는다.

경력자에게는 역시 얻을 것이 많다

업계 최고 전문가 또는 현직에 있는 사람을 찾아가라. 대부분 만나지 못하거나 거절을 당하지만 우리는 거절에 익숙해져야 한다. 일면식도 없는데 찾아가면 만나지 못할 가능성이 높으니 지인 네트워크를 최대한 활용해서 소개를 받고 찾아가면 훌륭하다. 지성이면 감천이라고 아주 간혹 본인이 합류하거나 다른 사람을 소개해 주는 경우가 있다.

이 내용이 뻔하다고 생각하는 사람들도 있겠지만 대부분 이 뻔한 일조차 하지 않고는 좋은 사람이 없다고 한다. 또는 귀찮게 발품을 팔고 거절을 감내해야 하는 일들이기에 이렇게 노력해 봤자 좋은 공동 창업자를 구하기 어려울 거라고 자기 합리화를 한다. 그리고 편한 방법을 찾는다. 하지만 어느 광고의 카피처럼 아무것도 하지 않으면 아무 일도 일어나지 않는다.

어쩔 수 없다. 공동 창업자를 구하려면 계속 좋은 사람들에게 소개도 받고 행사에도 나가면서 발품을 많이 팔아야 한다. 신기하게도 좋은 사람들 근처에 좋은 사람들이 많은 편이다. 본인 주변의 좋은 사람들부터 찾아가라.

최고의
공동 창업자 조건

창업자 A씨는 국내에서 유명한 대형 IT 회사에 다니던 개발자 B씨를 소개받았다. 오랜 시간 설득해 적정한 급여와 적지 않은 지분을 주고 공동 창업자이자 CTO로 영입했다. 좋은 팀을 만들었으니 이제는 사업이 잘될 것만 같았다.

개발자 B씨는 처음에는 정말로 열심히 해 줬다. 그러나 시간이 지나면서 점점 불평불만을 쏟아 냈다. 간식이나 커피 머신이 없다거나 화장실 청소를 왜 우리가 직접 하느냐는 불평은 애교였다. 이제 막 시작해서 아직 매출도 없고 비용만 많이 나가는데 자동차를 리스해 달라거나 전에 다니던 직장처럼 부모님의 상해 보험까지 가입해 달라는 요구는 좀 심하다 싶다. '고액의 연봉을 포기하고 작은 스타트업에 왔는데 불편한게 한둘이 아니다. 다른 회사에는 다 있는데 우리 회사는 왜 이런 것도 없냐'는 이야기를 밥 먹듯이 하고 심지어 직원들에게까지 불평과 짜증을 내기 시작했다.

악화가 양화를 빚는다고, 이런 좋지 않은 이야기는 금방 퍼져서 회사의 분위기를 안 좋게 만든다. '실력만 있으면 되겠지'라고 생각해서 영입했는데 지금은 이러지도 저러지도 못해 스트레스가 너무 크다.

'설마 이런 사람이 있겠어?'라고 생각할지 모르지만 정말 흔한 케이스다. 이력만 보고 공동 창업자를 영입했다가 그 사람 때문에 밤마다 혼자 술 마시는 창업자를 많이 봤다. 그만큼 한 사람 한 사람이 중요하기 때문에 공동 창업자를 영입할 때는 신중해야 한다.

지금까지의 경험을 통해 체득한 최고의 공동 창업자가 갖춰야 할 조건은 바로 전문성, 경험과 네트워크 그리고 험블humble함이다. 개인의 인성, 조직 관리 능력, 대표 및 다른 팀원들과의 조화, 커뮤니케이션 능력 등 다른 여러 덕목이 있지만, 초기 스타트업에는 이 세 가지가 가장 중요하다고 생각한다.

전문성

해당 분야의 전문성을 보유하는 것이 가장 중요하다. 업계 최고의 전문가, 소위 말하는 '선수'나 '타짜'면 더 좋다. 최소한 평균 수준 이상은 돼야 의미 있는 성과를 낼 수 있다. 이제는 열정과 패기만으로는 어렵다. 추가로 창업자대표와는 다른 분야의 전문성을 보유한 것이 좋고 서로 도움이 될 수 있는 상보적 관계가 이상적이다.

경험과 네트워크

전문성과 비슷한 맥락으로 해당 분야의 경험과 네트워크도 중요하다. 특히 대기업 또는 대형 IT 회사에서 근무한 경험은 조직을 만들고 성과를 내는 데 큰 도움이 될 수 있다. 또한 성공 여부를 떠나 맨땅에 헤딩하면서 초기 스타트업을 스스로 경험해 본 사람은 개인뿐만 아니라 회사에도 큰 자산이 될 것이다. 이런 경험에서 쌓은 폭넓은 인적 네트워크가 사업을 확장하거나 인재를 확보하는 데 유리하다.

투지와 겸비

첫째로 그릿GRIT이 필요하다. 그릿은 자신이 성취하고자 하는 목표를 끝까지 해내는 힘이며 어떤 어려움이 있더라도 목표를 향해 꾸준히 노력할 수 있는 능력을 말한다. 투지, 담대함, 낙담하지 않고 매달리는 끈기로도 표현이 가능하다.

둘째로 겸비謙卑가 필요하다. 여기에서 말하는 겸비는 영어로 험블니스Humbleness라고도 표현하는데, 이는 겸손이나 미천하다는 의미가 아니라 본인의 현실을 직시하고 낮은 자세로 일을 해야 한다는 뜻이다. 특히 대학 졸업 이후 유명한 회사만 다녔던 사람은 '내려놓기'를 할 수 있어야 한다. 무엇을 상상하든 그 이하를 보게 될 것이기 때문이다. 내려놓기가 되지 않는 사람은 계속 불평불만을 쏟아 놓고 팀 분위기를 흐린다.

공동 창업자를 구하기 위해 여러 사람을 만나다 보면 이 세 가지 조건을 모두 만족하는 사람을 찾기가 쉽지 않을 것이다. 그러다 보면 조급한 마음에 한두 가지만 갖춰도 공동 창업자로 영입하려고 할 수 있다. 하지만 사람을 영입할 때는 현실과 타협하거나 스스로 합리화하지 않길 바란다. 최고의 사람이 모여도 성공하기 힘든 게 스타트업이다. 급한 마음에 만든 급조된 팀은 활주로를 이륙하기도 전에 고장 날 가능성이 매우 높다.

좋은 개발자를
구하기 어려운 이유

사실 개발자뿐만 아니라 모든 직군에서 좋은 인재를 채용하기가 어렵다. 기획자, 마케터, 디자이너 등 IT 비즈니스에 필요한 직군은 좋은 사람이 늘 부족하다. 그럼에도 개발자에 포커스를 둔 이유는 우리 회사뿐 아니라 내가 만나 본 거의 모든 스타트업에서 개발자를 뽑는 데 가장 큰 어려움을 겪기 때문이다. '개발자 구하는 게 하늘의 별 따기'라는 말까지 있다. 좋은 개발자를 구하기 힘든 이유를 정리해 보겠다.

개발자가 없다

일단 시장에 나와 있는 개발자 풀 자체가 너무 작다. 흔한 이야기지만 수요보다 공급이 적다. IT 비즈니스가 활성화되고 스타트업이 많아지면서 개발자에 대한 수요는 지속적으로 증가하고 있으나 공급이 따라오지 못하고 있다. 특히 4차 산업 혁명 관련 분야가 주목받고 정부 주도로 이뤄지는 디지털 뉴딜 정책이 시행되면서 점점 더 많은 개발 인력이 필요하게 됐다.

요즘에는 비전공자도 개발 관련 업무를 많이 하지만 그래도 컴퓨터 공학이나 비슷한 학과를 전공한 사람들이 주로 개발자로 일을 한다. 이런 학과는 이공계열에서 의대만큼 입학하기가 어렵고 정원도 많지 않기 때문에 대학에서 사회로 배출하는 인재 또한 매우 소수다.

좋은 개발자는 더 없다

모든 직군이 그렇겠지만 개발 직군은 전체 풀도 작으니 좋은 개발자는 더욱 극소수다. 경험해 보니까 컴퓨터 공학과를 나왔다고 코딩을 다 잘하는 게 아니었다. 그리고 CTO나 개발팀장을 맡을 사람은 코딩 이상의 역량을 보유해야 한다. 회사 차원에서 비즈니스를 같이 고민하고 설계해야 하기 때문에 조직 관리 능력이나 리더십도 필요하다.

큰 회사에 들어가고 싶어 한다

우리가 몸담고 있는 스타트업들은 대부분 아직 작고, 브랜딩도 안 돼 있고, 불확실하고 불안한 회사다. 예측 가능성이 적기 때문에 투자 유치가 되지 않거나 충분한 매출이 발생하지 않으면 언제 망해도 이상하지 않은 회사라는 것이다.

입장을 바꿔 생각해 보면 역량 있는 좋은 인재, 특히 개발자가 이런 회사에 지원하는 게 더 이상하지 않을까? 반면에 거의 전 국민이 들어서 알 만한 배달의민족, 직방, 토스같이 스타트업이라고 부르기에는 너무 커져 버린 회사들은 급여, 복지, 근무 환경, 성장성 등이 네이버, 카카오 등과 크게 다르지 않다. 최소한 자신이 은퇴할 때까지 망하지 않을 거라는 막연한 믿음과 예측 가능성이 있기 때문에 지원하는 개발자가 많다.

좋은 개발자는 대형 회사의 보석함에 갇혀 있다

대형 IT 회사들이 개발자의 무덤이라는 말이 있다. 이 말은 두 가지로 해석할 수 있다.

첫 번째는 회사의 급여 수준이나 복지, 근무 환경 등이 너무 좋아서 한 번 들어가면 절대로 퇴사하지 않는다는 것이다. 이 조건들이 위험을 감수하고 적은 연봉에 스타트업으로 가고자 하는 욕구를 제압하는 것이다.

두 번째는 정규직으로 들어가면 웬만하면 잘리지 않고 정년 때까지 다닐 수 있다는 것이다. 일부 사람들의 경우겠지만 그 때문에 지속적으로 새로운 기술이나 언어를 배우거나 열정적으로 개발 관련 전문성을 키우기보다 그저 그런 개발자로 성장이 멈춰 고인물이 된다는 뜻이다. 물론 이런 문제는 비단 개발 직군에만 해당되는 일은 아닐 것이다.

이처럼 대형 IT 회사들이 좋은 개발자들을 모두 흡수하고 인재들이 절대 나오지 않으니 작은 스타트업들은 개발자를 뽑기가 점점 힘들어지는 것이다.

연봉을 맞춰 줄 수 없다

개발 직군은 현재 전 세계적으로 최고 수준의 연봉을 받는 직군이다. 회사마다 다르겠지만 타 직군에 비해 평균 1.3배에서 1.5배 이상의 연봉을 받는다고 한다. 요즘 AI 관련 개발자의 연봉은 천정부지라는 이야기까지 있다.

우리는 그런 조건을 맞춰 주기가 쉽지 않다. 투자를 받았든 받지 못했든 개발자에게 기존 직장에서 받던 급여를 맞춰 줄 스타트업은 많지 않을 것이다.

개발자 입장에서는 불확실성을 안고 오는데 급여라도 잘 받아야겠다고 생각할 것이다. 반면 스타트업 대표의 생각은 다르다. 전 직장에서는 그냥 회사원일 뿐이지만 우리는 지분이나 스톡옵션도 주고 장래 성장 가능성이 매우 크기 때문에 일정 부분 급여를 삭감해야 한다고 본다. 여기에서 간극이 생기는 것이다.

자기 사업을 하고 싶어 한다

좋은 개발자 중에서 스타트업에 관심이 있는 사람들은 대부분 자신의 아이디어를 실현하고 싶어 하지 당신의 아이디어를 대신 만들어 주고 싶어 하지 않는다. 다시 말해 이미 좋은 직장을 다니고 있기 때문에 직장인으로서의 이직보다는 창업을 하거나 코파운더^{Co-Founder: 공동 창업자}로서 지분을 확보할 수 있는 조건을 선호한다. CTO를 영입하려는 상황이라면 충분히 고민해 볼 수 있겠으나 모든 개발자에게 지분이나 스톡옵션을 줄 수는 없으니 이 또한 고민거리다. 따라서 정말로 운 좋게 훌륭한 개발자를 영입했다면, 그들을 존중하고 잘 대우해야 한다. 한창 서비스를 론칭하고 바쁜데 자신의 사업을 하겠다고 나가는 경우가 정말 많다.

좋은 개발자를
구하는 방법

좋은 개발자를 구하는 방법은 공동 창업자를 구하는 방법과 일맥상통하다. 다만 개발자라는 특수성 때문에 일반 직군과는 조금 다르게 노력해야 한다. 공통점은 앞의 내용을 참고하고 중복되지 않는 내용만 정리해 보겠다.

각종 해커톤 참석하기

해커톤^{Hackathon}은 '해커^{Hacker}'와 '마라톤^{Marathon}'의 합성어로 기획자, 개발자, 디자이너 등이 모여 제한된 시간 안에 아이디어를 도출하고 결과물을 만들어 내는 일종의 대회다. 이런 행사에 참여하면 실제로 개발자들과 하루이틀 동안 함께 작업을 해 보면서 핏^{Fit}을 맞춰 볼 수 있으므로 좋은 개발자를 구할 기회가 된다.

본인의 아이템에 대해 의견을 들어 볼 수 있고 함께 프로토타입^{Prototype}을 만들어 테스트해 볼 수도 있다는 장점이 있다. 프로토타입이란, 실제 제품으로 양산되기 전에 미리 제작해 보는 모델이다. 우리말로는 시제품이라고 한다. 프로토타입을 만들어 계속 테스트하고 가설을 검증함으로써 문제점을 개선하고 더욱 완성도 있는 제품을 만들 수 있다.

개발자 콘퍼런스 참석하기

국내외 주요 IT 기업들은 보통 1년에 한 번씩 개발자 콘퍼런스를 한다. 사내외 개발자들과 서로의 지식과 기술을 나누고 공유하며 미래를 준비하기 위한 목적도 있고 회사의 기술력을 외부에 알리고 홍보하기 위한 목적도 있다. 국내외 정상급 개발자들이 많이 참석하는 행사인 만큼 좋은 개발자를 만날 확률이 높다. 속된 말로 물 반 고기 반이 아니라 물보다 고기가 많은 곳이다.

회사 직원만 참석할 수 있는 폐쇄적인 행사도 있지만 일반인에게 오픈된 행사도 꽤 있다. 그러니 이런 곳에 가서 명함도 뿌리고 좋은 개발자를 만나려는 노력을 해야 한다.

주요 IT 회사의 개발자 콘퍼런스

- 네이버: Tech Concert & Deview
- 카카오: If^{kakao} Day
- 넥슨: Nexon Developers Conference

- NHN: NHN Forward
- 아마존: AWS Summit & AMAZON Innovation Day
- 구글: I/O
- 페이스북: F8
- 마이크로소프트: Microsoft Build
- IBM: IBM Developer Day

현재 다니는 회사의 최고 개발자에게 들이대기

용기 있는 자가 미인을 얻는 것처럼, 용기 있는 창업자가 뛰어난 개발자를 얻을 수 있다. 우선 현재 다니는 회사에서 실력과 인성 그리고 평판이 좋은 개발자를 찾아가라. 당신이 하고 싶은 사업의 내용을 간단하게 정리해서 '이런 아이템으로 사업을 준비하고 있고, 좋은 분들을 모시기 위한 팀 빌딩을 하고 있습니다. 함께 도전해보지 않겠습니까?'라고 설득해 보자. 어차피 평생직장의 개념이 없어졌으므로 경력이 많은 개발자들도 노후에 대한 고민이 있을 것이다. 당신의 아이템이 괜찮고 설득력이 충분하다면 함께할 수 있겠지만, 그 사람이 함께할 의지가 없거나 여러 사정으로 함께할 수 없는 상황이라면 다른 분을 소개해 달라고 해도 좋다. 분명히 한두 명은 소개해 줄 것이다.

매력적이고 합리적인 인사 정책 수립과 조건 협상하기

다양한 경로를 통해 좋은 개발자를 알게 됐고 회사의 사업성이나 비전 등에 어느 정도 합의 또는 설득이 됐는가? 그렇다면 이제는 급여, 지분, 스톡옵션, 기타 조건(업무, 의사 결정 권한, 근무 장소, 재택 여부, 교육 지원, 장비 등)에 대해 서로의 컨디션에 맞게 오픈 마인드로 조율과 협상을 해야 한다. 현재 상황에서 제시 가능한 최댓값을 산정하고 상대방의 성향에 따라 조정하며 합의점을 찾아야 한다.

미래 가치(지분)에는 관심 없고 현재 가치(급여)가 더 중요한 사람에게는 현재 직장에서 받는 급여에 준하거나 약간 상향된 급여를 제시해야 한다. 안 그러면 개발자 입장에서는 이직할 이유가 없다. 스톡옵션은 입사 이후 성과에 따라 지급한다고 하면 된다. 연봉이 부담스럽지만 일종의 투자라고 생각해야 한다.

현재 가치와 미래 가치가 둘 다 중요한 사람에게는 현재 급여의 50~70% 수준과 유의미한 지분이나 스톡옵션 패키지를 제시해야 한다. 단순 예를 들어, 현재 연봉 8,000만 원을 받는 개발자에게 연봉 5,000만 원과 지분 3%를 제공하는 그림이다. 만약 현재 가치보다 회사의 미래에 인생을 걸고 승부를 보겠다고 하는 사람이 있다면 급여를 창업자나 코파운더들이 받는 수준으로 낮추고 지분이나 스톡옵션을 더 많이 주는 것도 좋은 방법이 될 수 있다.

간혹 세속적인 조건으로 안 되는 사람도 많다. 이런 경우에는 창업자가 남다른 경력을 갖고 있어야 한다. 이를테면, 창업자가 누구나 인정하는 해당 분야의 전문가이거나, 과거 성공적인 창업 또는 엑시트 경험이 있거나, 혹은 개발자에게 없는 대단한 무언가를 갖고 있어야 한다. 이렇다 할 경력이 없다면 상대할 수 없는 포스나 카리스마 또는 리더십을 갖고 있거나 유비처럼 부처 같은 인성이라도 갖고 있어야 한다. 아니면 '다 모르겠고 이 사람과 함께라면 성공할 수 있겠구나'라는 막연한 느낌이나 기대감이라도 줘야 한다.

이런 노력을 수개월째 했는데도 좋은 개발자를 소개받지 못했거나 어떤 형태로든 만나지 못했다고 해서 절대로 스스로 타협하거나 포기해서는 안 된다. 본인이 그동안 어떻게 사회생활을 했는지, 인간관계에 소홀하지는 않았는지, 노력이 부족하지는 않았는지 등을 반성하고 다시 심기일전하기를 바란다.

스타트업 대표 이사,
아무나 해서는 안 된다

"토요일 오후에만 쉬고 나머지 시간에는 전부 일을 했어요."

뷰티 스타트업으로 유명한 회사의 대표가 나에게 해 준 말이다. 짧은 시간에 폭발적으로 성장한 이유가 무엇인지 궁금해서 어떤 노력을 하고 있는지 물었는데 이런 답변을 해 줬다. 초기 멤버 3명이 원룸에 함께 살면서 토요일 오후를 제외하고 일주일에 6.5일을 잠자는 시간 외에는 모두 일만 한 것이다.

이 회사뿐만 아니라 우리가 들어서 알 만한 성공적인 스타트업의 대표들은 대부분 이렇게 모든 것을 걸고 일반인들이 상상하기 힘든 노력을 한다.

그래서 스타트업 대표는 정말 아무나 하는 게 아니다. 아니 아무나 해서도 안 된다. 스타트업의 대표는 작게는 두세 명에서 많게는 기백 명의 직원과 그들의 가족을 책임지는 자리다. 그렇기 때문에 절대로 아무나 해서는 안 된다. 창업을 쉽게 생각해서는 안 되는 것처럼 창업을 하더라도 누가 대표를 할지 신중하게 고민하고 대표를 할 만한 사람이 해야 한다.

내가 몸담고 있는 스타트업뿐만 아니라 일정 수준 이상 성과를 내거나 공신력 있는 기관 투자자로부터 투자를 받은 스타트업의 대표들을 보면 정말 놀라울 만큼 회사에 헌신과 희생을 한다. 누군가는 말한다. 본인의 회사이고 그만큼 지분이 있으니 당연한 것이 아니냐고. 하지만 내가 아는 대표들은 그런 1차원적인 생각을 하지 않는다. 남들이 이해하기 힘든 수준의 사명감을 갖고 사회적 문제를 해결하고자 하며 보통 사람은 하기 힘든 그 이상의 무언가를 해낸다. 그리고 그런 희생과 헌신이 직원들을 감동시키고 동기를 부여하며 회사를 성장시킨다.

성공적인 스타트업 대표들을 많이 만나 보면서 알게 된 그들만의 공통점이 있다.

- 주 6일에서 6.5일을 일한다.
- 하루에 13시간에서 15시간 정도를 일한다.
- 매일매일 의사 결정하고 승인해야 하는 업무의 양이 살인적이다.
- 모든 직원의 엄마이자 아빠 역할을 해야 한다.
- 나가서 투자도 받아 와야 한다.
- 사건, 사고가 터지면 제일 먼저 뛰어가야 한다.
- 진상 고객 최종 처리반.
- 가끔 경찰이나 검찰 조사도 받고 고용 노동부에도 불려 가야 한다.
- 회사가 힘들어지면 본인 급여부터 깎거나 안 받는다.

- 그리고… 외롭다.

바에서 혼자 술 마시는 사람은 대부분 기업의 오너라는 말이 있다. 그만큼 스트레스 강도가 대단하다는 것일 텐데, 스타트업 대표들을 위한 힐링 캠프가 있다면 자비를 털어서라도 보내 주고 싶은 심정이다.

스타트업의 대표들은 대부분 똑똑하고 창의적이고 열정적이며 욕망이 많다. 그런데 나이가 어린 대표일수록 스트레스 관리 능력이나 위기관리 능력이 부족해서 약간의 고비가 왔을 때 쉽게 포기하고 쓰러지는 사람이 많다. 극단적인 케이스이긴 하지만 대표가 갑자기 잠적한다거나 연락이 두절되는 경우도 있고 그런 이유로 팀이 와해되는 경우도 종종 봤다. 그래서 실리콘밸리에서는 그렇게들 많이 명상을 하고 마음의 평안을 찾고자 노력하는지도 모르겠다.

강의나 밋업에서 사람들을 만나면 종종 이런 질문을 받는다.

"공동 창업자가 몇 명 모여 있고 서로 대표 이사를 하고 싶어 하는데, 누가 하는 게 좋을까요?"

사실 대부분 대표 이사가 주도적으로 아이디어를 개발하고 창업 팀을 만들고 지분을 나누기 때문에 암묵적으로 정해지는 경우가 많다. 이와 다르게 왕관의 무게를 모르고 서로 하려고 한다거나 반대로 책임지기 싫어서 서로 하지 않으려고 하는 경우도 많이 본다. 기업가 정신까지 가면 너무 거창하고, 개인적인 생각을 정리하면 이렇다. 여기에 가장 많이 해당하는 사람이 대표를 하는 게 좋겠다.

회사와 직원을 위해 대표 이사를 해야 하는 사람

- 아이디어와 방향성을 제시하고 주도적으로 추진하는 사람

- 다양한 사람을 만나 팀을 만들고 조직화하는 사람

- 해당 분야에 전문성을 갖고 있거나 갖게 될 사람

- 리더십이 있고 실행력이 있는 사람

- 가장 많은 기여를 한 / 하는 / 해야 할 사람

- 가장 많은 시간과 자금을 투자할 사람

- 욕망의 화신, 야망 덩어리

- 함께하면 성공할 것 같다고 느끼게 하는 사람

- 아이디어만 제시하고 말만 많지 않은 사람

- 사람의 마음을 잘 헤아리고 배려하는 사람

- 사건, 사고가 터졌을 때 책임질 사람

- 대외 활동 특히 투자 유치를 잘할 사람

- 고소나 고발을 당했을 때 경찰, 검찰 조사를 받을 사람

- 멘탈과 체력이 강한 사람

스타트업 대표는 전생에 큰 죄를 지은 사람이라는 말이 있다. 웃을 수도 울 수도 없는 말이다. 전생에 죄를 지었든 말든 스타트업 대표들이 현세에 겪어야 하는 왕관의 무게는 본인뿐만 아니라 회사의 명운과 존폐를 결정지을 만큼 무겁다. 그러니 왕관의 무게를 견딜 수 있는 사람이 대표를 하고, 이왕 대표가 됐다면 명예롭게 그 왕관을 다른 사람에게 물려주거나 매각할 때까지 잘 버텨 주기를 바란다.

알아야 이장도 하고
스타트업도 한다

"이사님은 부동산에 대해 잘 모르시잖아요. 모르시면 좀 가만히 계세요."

이 한마디로 팔자에 없던 공인 중개사 자격증 공부가 시작됐다. 부동산 플랫폼 사업에서 부동산 중개업까지 론칭했을 때의 일이다. 부동산 중개업을 하기 위해서는 법적으로 공인 중개사 자격증을 소지한 사람이 필요하다. 그래서 경희대, 고려대, 연세대 앞에 오프라인 부동산 중개 사무소를 오픈하면서 경력이 많은 공인 중개사들을 채용해 의욕적으로 사업을 시작했다.

성과는 나쁘지 않았으나 일부 공인 중개사들이 IT에 대한 이해도가 다소 부족하고 업무나 커뮤니케이션 방식이 회사의 방향성과 맞지 않았으며 어린 직원들을 무시하는 일이 자꾸 발생했다. 연령대가 비슷하고 경력이 있는 내가 각 지점의 공인 중개사들을 종종 만나 달래기도 하고 알아듣게 이야기했지만, 현장의 고수들에게 나의 말발은 먹히지 않았다. 그리고 그때마다 돌아오는 말이 있었다.

"이사님이 전에 좋은 회사 다니신 건 알겠는데 부동산은 전혀 모르시잖아요."
"우리가 하자는 대로 하는 게 맞아요."

뭔가 분하고 짜증이 났지만 부정할 수 없는 사실이자 현실이었다. 그들보다 모르니 그들을 컨트롤하고 지휘할 수가 없었다. 그 분함과 억울함이 살면서 단 한 번도 생각해 보지 않은 공인 중개사 자격증까지 취득하게 만들었다.

처음에는 회사뿐만 아니라 가족도 모르게 공부를 했다. 이유는 불합격할 가능성이 높기 때문에 창피해지고 싶지 않아서였다. 낮에는 업무 때문에 공부를 할 수 없으니 퇴근하고 도서관도 가고 회사 회의실에서도 공부를 했다. 광고를 많이 하는 공인 중개사 인터넷 강의 사이트를 들어가 보니 수강료가 100만 원 가까이 했다. 그 당시 경제적 여유가 별로 없었기 때문에 요약집을 구매해 유튜브 채널과 무료 인터넷 강의 사이트를 통해 공부를 했다. 아침 7시에 출근해서 10시까지 공부, 점심시간도 아까워서 밥을 먹으며 공부했고 퇴근 이후 새벽 1시까지 매진했다.

이런저런 노력 끝에 결국 2017년에 27회 공인 중개사 자격증을 취득할 수가 있었다. 그러자 내부 공인 중개사들뿐만 아니라 외부 임대인이나 제휴사에서 더 이상 나를 무시하는 일이 없었다. 개인적으로 적지 않은 성취감을 느낀 사건이었다.

나의 사례처럼 스타트업의 경영진이 해당 분야의 전문가가 아니라면 외부 사람들뿐만 아니라 내부 직원들에게까지 무시를 당한다. 실제로 한 회사에서 대표 이사와 CTO가 옆자리에서 근무를 했는데 CTO가 밤낮없이 계속 코딩을 해서 대표 이사는 개발자를 정말 잘 구했다며 좋아했다. 하지만 서비스 론칭이 계획한 날짜를 지나 차일피일 미뤄졌고 2개월이나 뒤에 나온 서비스는 버그투성이었다.

알고 보니 CTO가 투잡으로 외주 제작을 하고 있었고 심지어 근무 시간에도 다른 업무를 했던 것이다. 대표 이사가 코딩을 전혀 모르기 때문에 바로 옆자리에서 다른 회사의 일을 해도 모르는 사태가 발생하고 CTO도 그런 점을 악용했다.

스타트업에 합류해 적은 급여로 힘들어져서 투잡을 하는 것이 마음으로는 이해되지만, 본업에 지장을 주는 일은 절대 해서는 안 된다. 무엇이든 알아야 이장도 하고 면장도 하고 스타트업 대표도 한다.

나이는 숫자에 불과하지만
그 숫자가 너무나 중요하다

"나이는 숫자에 불과하다."

텔레비전 광고나 드라마에서 많이 사용됐고 여전히 다양한 매체에서 자주 사용되는 소재이기도 하다. 나이는 숫자에 불과하기 때문에 나이에 너무 연연하거나 집착하지 말자는 취지로 이해된다. 나이가 많은 사람도 새로운 도전을 할 수 있고, 나이가 어리다고 어떤 일을 해내지 못할 것이라는 선입견도 갖지 말자는 것이다. 개인적으로 굉장히 공감되고 많은 사람에게 울림을 주는 말이라고 생각한다.

하지만 20대에 첫 번째 창업, 30대에 직장 생활, 40대에 두 번째 창업을 경험해 보니 나이는 숫자에 불과하지만, 그 숫자가 너무도 중요하다는 것을 깨닫게 됐다. 그동안의 경험을 통해서 느낀 연령대별 장단점을 정리해 봤다. 개인별로 편차가 심하고 지극히 주관적으로 작성했기 때문에 가볍게 참고만 하길 바란다.

항목	20대	30대	40대
전문성, 노하우	낮음	보통	높음
인사이트, 직관력	낮음	보통	높음
관련 사업 경험	낮음	보통	높음
조직 관리 능력	낮음	보통	높음
위험 대처 능력	낮음	보통	높음
실행력, 추진력	가장 높음	높음	보통
창의력	가장 높음	높음	보통 또는 낮음
체력, 지구력	가장 높음	높음	보통 또는 낮음
열정, 전투력	가장 높음	높음	보통 또는 낮음
도전 정신	가장 높음	높음	보통 또는 낮음
시간, 경제적 압박	낮음	보통	높음
급여 수준	낮음	보통	높음
책임감	개인별 차이가 큼		
가성비(급여 대비 성과)	개인별 차이가 큼		

전문성, 노하우, 인사이트, 조직 관리 능력, 위험 대처 능력 같은 개인의 역량은 관련 업무를 오래 했거나 다양한 경험이 필요하기 때문에 연령대가 높을수록 유리하다. 반면에 실행력, 추진력, 창의력, 열정, 체력은 젊을수록 높은 경우가 많다. 또한 20대는 상대적으로 시간적 여유가 있는 반면에 40대는 집안의 가장이면서 노후에 대한 불안으로 시간과 경제적인 압박을 많이 받기도 한다. 20대는 욕심이 앞서서 일을 그르치기도 하고 40대는 걱정이 앞서서 주저하기도 한다.

제품뿐만 아니라 사람에게도 가성비가 있다고 한다. 일반 기업에서 퇴직 연령이 점점 낮아지는 이유는 결국 30, 40대 사원보다 50대 직원이 급여를 많이 받지만 퍼포먼스의 격차가 점점 줄어들기 때문이다. 급여 대비 성과, 가성비가 점점 떨어지는 것이다. 안타깝지만 결국 개인이 받는 급여 대비 성과를 높여야 창업의 성공 가능성을 높일 수 있고 은퇴의 시기를 뒤로 미룰 수 있다.

연령대가 스타트업 창업자에게 중요한 이유는 창업 팀을 꾸릴 때 연령대별 특성에 따라 적절히 구성해서 최정에 팀을 만들어야 하기 때문이다. 커뮤니케이션하기 쉬운 또래나 동생들로 팀을 꾸리지 말고 연령대별 특성을 파악해 적재적소에 적합한 사람을 뽑는 것이 가장 중요하다. 많은 스타트업을 지켜본 결과 20대나 30대 또는 40대만으로 이뤄진 창업 팀보다 연령대별로 적절하게 섞인 팀이 훨씬 더 시너지가 많이 나고 생산적인 곳이 많았다.

신입 사원이 100군데 넘게 전화하고 찾아다녀도 못 하는 일을 40대 직원이 전화한 통으로 해결하는 경우도 있고, 40대 직원이 절대 못 하는 일을 20대 직원이 열정과 추진력으로 며칠 밤을 새우면서 해내는 경우도 있다. 40대 전문가가 전략이나 방향을 잘 설계하면 2030 직원들이 '돌격 앞으로'를 할 수도 있고 2030 세대의 창의적인 기획안을 40대가 안정적으로 운영하는 방법도 좋다. 따라서 특정 연령대로만 직원을 뽑지 말고 다양한 경험과 연령대의 직원을 뽑아 시너지가 나는 팀을 만들기 바란다.

스타트업에서 동료는
전우와 같다

2014년도에 창업해 지금까지 스타트업을 하면서 많은 직원을 채용하고 떠나보냈다. 회사가 막 성장할 때는 직원이 40명까지 있었다가 갑자기 힘들어져 직원을 반으로 줄인 적도 있다. 회사의 상황 때문이든, 개인적인 일 때문이든 그동안 수많은 사람과 만나고 헤어지면서 이제는 익숙해질 때도 됐다고 생각하지만, 누군가와 헤어지는 일은 매번 쉽지 않다. 한 사람, 한 사람이 모두 소중하지만 그중에서도 힘든 시기를 함께 보낸 직원들이 퇴사하면 미안하고 감사한 마음과 '조금만 더 버티면 좋은 날이 올 텐데'라는 아쉬움이 많이 든다.

스타트업에서 동료의 의미는 일반 직장에서의 동료와는 매우 다른 느낌이다. 이전 직장의 동료들은 좋은 시절을 함께 보내는 친구 같은 느낌이라면 스타트업의 동료들은 마치 함께 전쟁을 치르는 전우나 조강지처 같은 느낌이 든다. 아마 동고동락해서 그럴 것이다.

많은 사람을 면접을 보고 그중에서 좋은 사람을 뽑고 서로 배우고 함께 일하며 호흡을 맞춰 가다 보면 어느새 가족 같다는 생각이 든다. 스타트업에서는 동료들과 하루 10시간을 넘게 같이 있는 경우가 많으니 가족보다 더 많은 시간을 함께 보내는 셈이다. 물론 서로의 선을 넘는 회사는 위험하다. 개인적으로는 가족 같은 회사보다 프로 야구 구단 같은 성과 베이스의 조직 문화를 선호하지만 인간관계에서만큼은 가족 같은 느낌이 든다는 이야기다.

스타트업에서 좋은 사람이 떠나갈 땐 그만큼 타격을 받는다. 성과뿐만 아니라 조직의 분위기가 우울해지기도 한다. 심지어 임원급이 나갈 땐 그 임원을 따르던 직원들이 따라서 퇴사하기도 한다. 그래서 좋은 사람이 떠나지 않도록 우리는 늘 고민하고 조심하고 배려하고 인사 제도를 개선하고 올바른 문화를 만들어 가야 한다.

대부분의 스타트업에는 경험이 많은 사람이 별로 없고, 인사팀도 제대로 세팅돼 있지 않기 때문에 조직 관리나 인력 관리가 제대로 안 되는 경우가 많다. 결국은 경영진이 정신 바짝 차리고 가장 중요시해야 할 이슈라는 생각이 든다.

직원에 대한 관심과 배려, 공감 능력, 직원들이 납득할 수 있는 합리적인 의사 결정, 상호 존중하는 문화, 개인의 처우와 복지에 대한 문제 등을 늘 경영진과 직원들이 함께 고민해야 한다. 그리고 무엇보다 가장 중요한 것은 가족들과 지인들에게 듣보잡 회사를 다닌다는 말을 듣지 않도록, 회사에 대한 자부심을 갖고 개인의 자존감을 높일 수 있도록, 안정감을 느끼며 일할 수 있도록 무조건 회사를 성공시켜야 한다.

화장을 하는 것보다 지우는 것이 더 중요하듯, 스타트업에서는 채용을 하는 것보다 좋은 사람이 퇴사하지 않는 것이 더 중요하다. 어쩔 수 없이 떠나는 사람은 최대한 예우해서 보내야 하고, 남은 사람은 또다시 전우애로 똘똘 뭉쳐 전진해야 한다. 내일 아침에 만날 동료들과 하이파이브 한 번 하고 전의를 불태워 보자.

인사는 지원이 아니라
전략이다

미리 말하자면 나는 인사 전문가가 아니다. 회사를 운영하다 보니 본의 아니게 인사와 노무 관련 일을 경험과 귀동냥으로 많이 알게 됐고 자연스럽게 체득했을 뿐이다. 보다 이론적이고 디테일한 내용은 《구글의 아침은 자유가 시작된다》 등 인사 전문가들이 쓴 책을 보길 바란다.

인사 정책을 수립하는 데 가장 중요한 것은 대표 이사와 경영진의 철학이다. 대부분의 경영진이 먹고사는 데 집중하다 보니 인사 정책에 관심도 부족하고 신경 쓸 시간도 많지 않은 것이 사실이다. "인사가 만사"라고 했거늘 인사를 그저 급여나 채용을 담당하는 부서 정도로 생각하는 경우가 많다. 하지만 인사는 지원성 업무가 아니라 회사의 중요한 전략으로 봐야 하며 장기적으로 회사를 크게 키우려면 초반부터 인사 정책의 틀을 잘 잡아야 한다. 회사가 커 버린 다음에 인사 정책의 틀을 잡으려면 이미 늦는 경우가 많다. 아마도 수많은 비용과 시간을 버리는 시행착오를 겪어야 할 것이다.

인사 정책을 만들 때는 경영진뿐만 아니라 전사 차원에서의 합의가 필요하다. 법률을 만들 때 사회적 합의가 필요한 것과 유사하다고 보면 된다. 특히 회사의 중요한 철학, 가치, 비전, 미션 등을 만들 때는 직원들과 충분히 시간을 갖고 협의해서 모두가 공감할 만한 산출물이 나와야 한다.

이렇게 수립된 비전이나 미션 등은 다양한 채널을 통해 선포하고 직원들이 매일 볼 수 있도록 노출해야 한다. 인사 정책은 일관성 있게 만들어서 지속적으로 공지하고 명문화하고 실행하는 것이 매우 중요하다.

내가 야후에 다닐 때는 회사에서 생각하는 중요한 가치를 마그넷으로 만들어 책상 앞에 붙이도록 했었다.

야후-Yahoo! We Value

탁월함

우리는 진실하게 승리하기 위해서 최선을 다합니다. 우리는 리더십을 얻는 것이 어려운 일이라는 것을 알고 있고 이를 절대로 당연하게 여겨서는 안 됩니다. 우리는 완벽한 실행을 열망하며 품질에 대한 지름길을 찾지 않습니다. 우리는 우리의 실수에 유연하고 실수로부터 배웁니다.

혁신

우리는 창의력과 독창성을 추구합니다. 우리는 세상을 바꿀 혁신과 아이디어를 찾습니다. 우리는 시장 동향을 예측하고 신속하게 수용합니다. 우리는 정보를 수용하고 위험에 대해 책임지는 것을 두려워하지 않습니다.

고객에 대한 집착

우리는 무엇보다도 고객을 존중하고, 그들이 선택해서 우리에게 온다는 것을 절대로 잊지 않습니다. 우리는 고객의 충성도를 유지하기 위해 책임을 공유합니다. 우리는 우리의 고객의 소리를 듣고 응답하며 고객의 기대를 뛰어넘기 위해 노력합니다.

팀워크

우리는 서로를 존중하고 열린 자세로 소통합니다. 우리는 개인의 책임을 유지하면서 협업을 촉진합니다. 우리는 조직 내 어디서든 최고의 아이디어를 표현하는 것을 권장합니다. 우리는 다양한 관점과 전문성의 가치를 인정합니다.

커뮤니티

우리는 사회에 영향을 미치기 위해 전염성이 강한 미션을 공유하고, 이전에는 불가능했던 방식으로 소비자에게 권한을 부여합니다. 우리는 인터넷 커뮤니티와 우리 자신의 커뮤니티에 봉사하기 위해 헌신합니다.

재미

우리는 유머가 성공에 필수적이라고 믿습니다. 우리는 해학을 좋아하고 우리 스스로는 너무 심각하게 두지 않으려고 합니다. 우리는 성취를 축하하고 요들송을 부릅니다.

국내에서는 배달의민족의 일하는 방식이 유명하다. 자율적이면서도 규율이 있고 실용적이면서도 감성적으로 일하는 방식이 지금의 배달의민족을 있게 했고 많은 스타트업의 벤치마킹 대상이 되고 있다.

우아한형제들-송파구에서 일 잘하는 방법 11가지

1. 9시 1분은 9시가 아니다.

2. 업무는 수직적, 인간적인 관계는 수평적.

3. 간단한 보고는 상급자가 하급자 자리로 가서 이야기 나눈다.

4. 잡담을 많이 나누는 것이 경쟁력이다.

5. 개발자가 개발만 잘하고, 디자이너가 디자인만 잘하면 회사는 망한다.

6. 휴가 가거나 퇴근 시 눈치 주는 농담을 하지 않는다.

7. 팩트에 기반한 보고만 한다.

8. 일을 시작할 때는 목적, 기간, 예상 산출물, 예상 결과, 공유 대상자를 생각한다.

9. 나는 일의 마지막이 아닌 중간에 있다.

10. 책임은 실행한 사람이 아닌 결정한 사람이 진다.

11. 솔루션 없는 불만만 느끼게 되는 때가 회사를 떠날 때다.

창업 초기에 아무것도 모를 때 인사, 노무 이슈가 터질 때마다 대기업에 다니는 인사 전문가들에게 지인 찬스를 자주 쓰고는 했다. 그분들께서 이렇게 조언해 주셨다.

'인사를 간과하면 나중에 큰코다친다.'

'인사, 노무 관련 소송이 터지기 시작하면 한 건당 10억 원씩 든다고 생각하고 조심해라.'

'인사, 노무 이슈가 터지면 대표 이사가 맨날 불려 다녀서 일에 집중할 수가 없다.'

'3년 뒤에 무조건 고용 노동부에서 감찰 나온다고 생각하고 지금부터 서류를 준비하고 기록을 남겨라.'

초기 스타트업에서는 인사 담당자를 채용하기 힘들 때가 많아서 대표 이사나 경영진이 직접 인사 관련 업무를 하는 경우가 많다. 회사가 어느 정도 자리를 잡아 간다면 인사 전문가를 영입하여 경영진은 본업에 충실히 하는 것을 추천한다.

인사의 중요 업무에는 채용, 급여, 복지 제도, 근태, 노무, 직무(직책, 직급 포함), 평가, 보상, 교육 훈련 등 너무도 많고 무엇 하나 중요하지 않은 것이 없지만 그중에서 하나만 꼽으라면 채용이라고 말하고 싶다. 누군가가 그랬다. 최고의 복지는 최고의 동료를 만들어 주는 것이라고. 회사의 성장과 성공뿐만 아니라 직원 개인들도 성장하기 위해서는 함께 일하는 사람이 중요하다는 것이다. 계속 강조하지만, 시합에서 이기려면 좋은 선수들이 모여야 한다.

실제로 어느 스타트업에서는 퇴사하는 직원이 대표 이사에게 '그동안 감사했고 계속 연락드리겠다. 앞으로 은혜 갚겠다'라고 하면서 송별회도 거하게 하고 나갔는데 며칠 뒤에 고용 노동부에 야근비를 주지 않았다고 회사를 신고했다고 한다. 서글픈 현실이다. 여러분들도 본업에만 집중하다 보면 인사, 노무 이슈를 소홀하게 생각할 수 있다. 지금부터라도 생각을 바꾸길 권한다. 인사는 지원이 아니라 전략이다.

매력적인
보상 제도 만들기

배종 감독의 2005년 작품인 〈웰컴 투 동막골〉에서 북한 인민군 장교 역할의 정재영이 촌장에게 묻는다.

"고함 한 번 지르지 않고 부락민들을 휘어잡을 수 있는 위대한 영도력의 비밀이 뭐유?"

그러자 촌장은 담담한 표정으로 말한다.

"뭐를 많이 먹여야지 뭐."

이 대사는 리더십에 대한 촌철살인의 명대사로 지금도 여전히 회자된다.

스타트업은 늘 배고프다. 창업 후 2~3년까지는 매출이 없는 곳이 많고, 있더라도 비용이 더 큰 경우가 많다. 그렇다 보니 다른 멀쩡한 회사들처럼 급여를 많이 줄 수도 없고 근무 환경도 열악할 수밖에 없다. 대표를 포함해 많은 직원이 최저시급에 해당하는 급여를 받는 경우도 허다하다. 뛰어난 인재를 많이 모아야 하는 절박한 상황인데 아이러니하게도 인재를 모으기에 최악의 조건인 것이다. 그렇다면 돈이 없는 스타트업에서 좋은 인재를 채용하려면 어떻게 해야 할까?

해답은 의외로 심플하다. 자금이 부족해서 급여를 많이 주지 못한다면 급여 외의 비금전적 보상 제도를 잘 만들어서 사람들이 지원하고 싶고 계속 다니고 싶은 회사로 만들어야 한다. 채용하고 싶은 사람인데 100% 돈에 의해 좌우되는 직원이라면 다른 회사에서 조금만 더 줘도 떠날 확률이 높으니 너무 집착하지 않아도 된다. 좋은 인재들이 우리 회사에 지원하고, 잘 정착하고, 적절한 급여를 받으면서 성취감을 느끼고, 오래 다니면서 회사의 성장과 함께할 수 있도록 금전적 보상과 비금전적 보상을 씨줄과 날줄처럼 잘 엮어 놔야 한다.

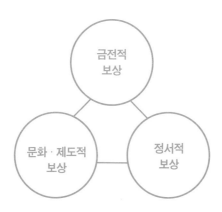

금전적 보상

기본급 / 인센티브 / 상여금, 특별 수당 / 지분 / 스톡옵션 / 이익 분배^{Profit Share} / 식대 및 교통비 지원 등

급여 제도에는 매월 동일한 금액이 지급되는 연봉제(고정급) 방식, 기본급에 성과에 따른 인센티브(매출의 일정 요율을 받는 구조)를 더해 주는 방식이 있다. 일반 사무직의 경우 대부분 연봉제로 계약하지만 보험, 자동차, 제약, 부동산 회사 등의 영업직군들은 '기본급+인센티브' 형태로 근로 계약을 한다. 기본급과 인센티브의 비중을 본인이 정할 수 있는 곳도 점점 늘어나고 있다.

예를 들어 영업력이 좋은 직원은 기본급을 최소화하고 인센티브 요율을 높인다. 조금 더 안정적인 급여 구조를 원하는 직원은 기본급을 높이고 인센티브 요율을 낮출 수 있는 합리적인 제도다. 인센티브 제도는 너무 많이 꽈서 복잡하게 설계하는 경우가 많은데 무조건 심플한 것이 좋다. 본인이 어떤 성과를 냈을 때 얼마를 받게 될지 구체적으로 알 수 있어야 한다. 제도가 상당히 정교할 것 같은 자동차 회사나 보험 회사도 매우 직관적이다. '몇 대(개) 팔면 얼마'다.

임원 레벨이나 회사의 성장에 중요한 역할을 하게 될 핵심 인재를 영입할 때는 유의미한 수준의 지분이나 스톡옵션을 주는 것을 고려해야 한다. 이전 직장의 급여를 다 맞춰 줄 수도 없고, 맞춰 줄 수 있더라도 핵심 인재가 이직할 이유가 별로 없기 때문이다. 명절이나 특별한 이벤트에 지급되는 상여금과 야근이나 주말 근무 등에 대한 특별 수당도 있으면 좋지만 초기 스타트업에서 이 모든 것을 챙기기에는 버거울 것이다. 대신 약간의 식대 지원이나 경조사비, 새벽까지 근무한 경우 교통비 지급 등은 직원 만족도를 높인다.

문화 · 제도적 보상

다양한 복지 제도 / 탄력 근무 / 수평적 문화 / 자유로운 휴가 제도 / 성장 기회^{교육,}
^{콘퍼런스 참석 등} / 최신 장비 지급 / 리프레시 휴가

금전적 보상만큼 중요한 것이 문화 · 제도적 보상이다. 요즘 밀레니얼 세대는 워
라밸^{워크 앤 라이프 밸런스, Work and Life Balance}을 중시하고 건강에 관심이 많으며 수평적으로 자
유롭게 커뮤니케이션하는 것을 좋아한다. 전세 자금 대출이나 건강 검진, 어린이집
운영 등과 같이 돈이 드는 복지 제도는 어느 정도 많이 성장했거나 또는 상장한 이후
에 해도 늦지 않다. 구글처럼 돈을 벌지도 못하는데 구글 같은 복지를 바라는 것은
문제가 있다고 생각한다. 그전에는 유연 근무 제도, 리프레시 휴가, 월요병을 없애
기 위한 월요일 오후 출근처럼 회사의 상황에 따라 돈이 많이 들지 않으면서도 직원
들의 만족도를 높일 수 있는 방법을 찾으면 되겠다.

스테이즈도 복지 제도 몇 가지를 시행하는데, 그중에서 '오아시스'라는 제도가 가
장 만족도가 높다. 전 직장의 제도를 약간 변형해 적용한 것인데 한 달에 한 번 2시
간 늦은 출근이나 2시간 빠른 퇴근을 할 수 있다. 연차와 무관하고 상사의 컨펌도 필
요 없다. 살다 보면 개인적인 행정 업무 때문에 은행이나 관공서에 방문할 때도 있
고 몸이 안 좋아서 병원에 가고 싶을 때도 있는데 반차나 연차를 쓰기는 아까울 때
아주 유용하다. 전날 술을 많이 마시고 좀 늦게 출근하고 싶을 때 가장 좋다는 피드
백도 있다.

당장은 힘들겠지만 다른 스타트업이나 대형 IT 기업에서 운영하는 제도를 벤치
마킹하여 회사의 사정에 맞게 응용하는 것도 추천한다.

다양한 복지 제도 사례

- 네이버: 국내 최고 수준의 건강 케어 프로그램, 단체 상해 보험, 유연 근무 제도, 어린이집 운영, 도서 지원비, 구내식당 등
- 카카오: 의료비 지원, 생활 안정 대출, 어린이집, 단체 상해 보험, 안식 휴가 등
- 넥슨: 자기 계발을 위한 마일리지 지급, 3년 단위 휴가 지원금, 상해 보험
- 엔씨소프트: 주택 자금 지원, 어린이집, 피트니스 운영, 사내 메디컬 센터
- 우아한형제들: 월요일 오후 출근(주 4.5일 근무), 임산부 하루 6시간 근무
- 직방: 체력 단련비와 각종 레슨비(매월 10만 원), 도서 무제한 구매, 2년마다 리프레시 휴가
- 비바리퍼블리카(토스): 3년마다 1개월 리프레시 휴가, 1억 원 대출, 단체 보험, 점심·저녁 식비 100% 지원
- 블랭크코퍼레이션: 어버이날 식사비 제공, 전세 자금 1억 원 무이자 대출, 매년 300만 원 정도의 여행비 지원
- 집닥: 주 34시간 근무제, 부모님 통장으로 용돈(미혼자 10만 원, 기혼자 양가 부모님께 각 10만 원), 연차별 해외여행 지원
- 에스티유니타스: 생일 반차, 3년 근속 시 2주의 유급 휴가, 워킹맘 방학 제도, 자율 출퇴근
- 야나두: 회식 시 오후 3시부터 6시 이전까지, 진급 시 200만 원 축하금 전달

정서적 보상

상호 존중 / 임파워먼트 / 승진, 포상 / 우수 사원 선정 / 인정, 칭찬 / 소속감, 동료애

상위 욕구

자아실현 욕구
자기 완성, 삶의 보람

존경의 욕구
승인, 존경, 인정, 지위

사회적 욕구
소속감, 애정, 친화

안전의 욕구
위험, 고통으로부터 회피, 안정

생리적 욕구
식욕, 성욕, 수면, 배설, 활동

하위 욕구

매슬로의 욕구 5단계 이론

에이브러햄 매슬로의 '욕구 5단계 이론 피라미드'를 보면 사회적 욕구(대인 관계, 소속감, 커뮤니케이션, 애정) 존경의 욕구(인정, 명예, 존중)와 자아실현 욕구(자기 완성, 삶의 보람)가 피라미드의 상단을 차지한다. 즉 인간에게 생리적 욕구와 안전 욕구가 해결되면 그다음에는 사회적 관계, 인간으로서의 존엄, 자아실현 등이 중요해진다는 것이다.

직장에서도 마찬가지로 이 욕구 피라미드에 해당하는 계층이 적용된다. 일단 취업이 되고 업무에 적용돼서 안정적인 삶을 유지할 수 있는 토대가 생기면 그 이후에는 상사와 동료로부터의 인정과 칭찬, 회사와 팀에 대한 소속감, 승진에 대한 욕구 등이 생기는 것이다.

그런데 많은 회사가 칭찬과 인정, 포상에 인색하고 어색하다. 억지로 '칭찬합시다'라는 게시판을 만드는 회사도 많은데 몇 개월 하다가 흐지부지되는 경우를 많이 봤다. 《칭찬은 고래도 춤추게 한다》는 유명한 책이 있다. 비용을 하나도 들이지 않고 직원들을 춤추게 할 수 있는데 인색할 필요가 있을까? 이제는 어려운 일을 해냈거나 수고한 직원들에게 아낌없이 칭찬을 하자. 그러면 그 이상의 일을 또 해낼 것이다.

3.

Start-up Company Building

스타트업
컴퍼니 빌딩

실패란 좀 더 현명한 방법으로 다시 시작할 수 있는 기회다.

정직한 실패에 부끄러움이 있을 수 없다.

단지 실패를 두려워하는 것에 부끄러움이 있는 것이다.

_헨리 포드

개인 사업자? 법인 사업자?
그것이 문제로다

창업자 A씨는 회사를 차릴 때 개인 사업자와 법인 사업자 중에 고민하다가 아무래도
처음에는 개인 사업자가 여러 가지로 간편하고 비용도 적게 든다는 이야기를 듣고 개
인 사업자로 창업했다. 들던 대로 돈의 입출금이나 세금 신고 등 모든 것이 편했다.

A씨는 앱을 만들어서 런칭한 후 어느 정도 성과가 나오자 투자를 받기 위해 여러 투자
회사를 만나러 다녔다. 그런데 투자 회사 측으로부터 개인 사업자에는 투자할 수 없
으니 법인으로 전환해야 한다는 공통된 이야기를 들었다. 그래서 개인 사업자를 법인
으로 전환하려고 하니 기존 사업에 대한 영업권이나 사업 자산에 대한 가격도 책정해
야 하고 새로 만들려는 법인과 개인 간에 포괄 양수도 계약도 체결해야 하는 등 복잡
한 일이 많았다. 게다가 개인 사업자로 운영하면서 대표 개인 통장에서 돈을 마음대

로 넣고 빼고 했더니 자금 운용이 투명하지 않다는 좋지 않은 피드백을 많이 들었다.

사업 아이템이 좋고 성과만 잘 나오면 투자가 쉽게 될 줄 알았는데 개인 사업자로 등록한 것이 복병이 될 줄은 꿈에도 몰랐다. 이럴 줄 알았으면 처음부터 법인 사업자로 내서 신용도도 쌓고 자금 관리도 투명하게 할 걸 그랬다는 후회를 많이 한다.

회사 설립의 형태는 크게 보면 사업의 주체를 개인으로 하는 개인 사업자와 법인으로 하는 법인 사업자로 나뉜다. 많은 사람이 회사를 차릴 때 개인 사업자와 법인 사업자 중에서 고민한다. 각각 장단점이 있기 때문이다. 카페나 식당 같은 자영업을 하려면 개인 사업자로 시작하는 것이 유리한 점이 많을 수 있고 장사가 아닌 사업을 하고자 한다면 법인 사업자로 시작하는 것을 추천한다. 특히 스타트업을 설립한다면 무조건 법인 사업자로 설립해야 한다.

법인의 형태는 합명 회사, 합자 회사, 유한 책임 회사, 주식회사, 유한 회사 이렇게 5종류로 나뉘는데 추후 엔젤 투자자나 벤처 캐피털 등의 외부 투자를 받기 위해서는 주식회사로 설립하여 신주새로운 주식를 발행하거나 구주기존의 주식를 매각해 외부 자금을 유치해야 한다. 심지어 정부 정책 자금조차도 법인 사업자만 신청할 수 있고 지원받을 수 있는 과제가 많기 때문에 주식회사로 설립해야 지원을 받을 수 있다. 그러므로 여기에서는 개인 사업자와 주식회사 중심으로 설명하겠다.

개인 사업자는 대표자가 사업의 주체이므로 회사와 대표자가 분리되지 않는다. 보통 자영업을 하는 사람들이 개인 사업자로 많이 시작한다. 물론 한 개의 카페나 식당을 운영하는 것이 아니라 프랜차이즈 사업을 하고자 한다면 주식회사로 시작하는 것이 좋다.

개인 사업자는 소득에 대해서 소득세법이 적용되며 사업 소득이라는 이름으로 대표자 명의의 세금이 부과되는데 이때 대표자의 다른 소득과 합쳐 종합 과세가 된다. 사업과 관련된 모든 채무도 당연히 대표자에게 귀속된다. 다만 개인 사업자는 소득세가 최대 42%인 반면 법인 사업자는 최대 25%이기 때문에 자영업을 하더라도 매출이 일정 수준 이상 나온다면 세금 감면 측면으로 볼 때는 법인 사업자가 유리한 부분이 있다. 앞서 말한 대로 개인 사업자로 운영하다가 회사가 커지면 법인 사업자로 전환하는 경우도 있지만 회계 처리도 복잡하고 대부분의 투자자가 선호하지 않는다.

반면 주식회사는 법인이 사업의 주체다. 소유와 경영이 분리되고 출자자인 주주는 출자금의 한도 내에서만 유한 책임을 지기 때문에 창업자를 보호하기 위해서도 주식회사가 유리하다.

사업 성과는 법인에 귀속되며 이에 대해 법인세라는 이름으로 법인 명의의 세금이 부과된다. 당연히 주주의 소득과 법인의 소득은 별개이며 법인의 이익은 주주에게 배당으로 배분된다. 주주는 배당에 대해 배당 소득세를 납부해야 한다. 지분의 양도가 자유로우며 신주 발행 및 사채 발행을 법적으로 인정함으로써 자금 조달이 용이하다. 이런 이유로 투자를 받기 위해서는 주식회사로 회사를 설립해야 한다는 것이다.

추가로 법인 사업자의 한 형태인 유한 회사는 주식회사와 달리 외부 감사나 공시 등의 의무가 없기 때문에 회사를 은밀하고 조용하게 운영하는 데 적합하다. 하지만 이사회도 필요 없고 사채 발행도 불가능하기 때문에 외부 자금을 유치하기에는 부적합하다.

	개인 사업자	법인 사업자(주식회사)
설립 절차	세무서에 사업자 등록	법원에 설립 등기 후 세무서에 사업자 등록
책임 소재	대표자의 무한 책임	출자 한도 내에서만 책임
의사 결정	대표자가 모든 것을 결정	이사회, 주주 총회 등 상법상 기관에서 결정
이익 배분	대표자에게 귀속	법인에 귀속, 주주에게는 배당
자금 인출	개인 명의의 통장에서 자유롭게 인출 가능	법인 명의의 통장 개설이 필요,임의 인출 불가 (임의 인출 시 업무상 배임, 횡령 혐의)
세금 납부	소득세, 부가 가치세	법인세, 부가 가치세
자금 조달	외부 자금 조달 어려움	구주, 신주, 사채 발행 등을 통해 자금 조달 용이
기타	자영업자에게 적합	스타트업, 중소기업에 적합

개인 사업자 VS. 법인 사업자

따라서 자금이 많아 외부의 자금 조달이 필요 없고 귀찮은 일 없이 회사를 운영하려는 기업이 선택하는 회사의 유형이다. 다수의 외국계 회사들이 한국에 진출할 때에 유한 회사로 설립을 하는 데는 다 이유가 있는 것이다.

회사 설립 절차는 매우 간소화됐다. 과거에는 주식회사를 설립하려면 최소 자본금이 5,000만 원 이상 필요하고 절차가 매우 복잡했으나 지금은 자본금 100만 원으로도 간단하게 법인을 설립할 수 있다. 그리고 예전에는 법무사를 통해서 많은 수수료를 내며 법인을 설립했으나 이제는 온라인 법인 설립 시스템startbiz.go.kr을 통해 집에서도 쉽게 법인 설립을 진행할 수 있다.

지분을 나누는
현명한 방법

대형 IT회사에 다니던 개발자 A씨는 대학 선배의 권유로 스타트업을 공동 창업하기로 했다. 대표 이사를 맡기로 한 선배가 '적지 않은 지분을 줄 테니 함께 회사를 키워보자'며 설득해서 결국 연봉과 대우를 좋게 받으며 멀쩡하게 다니던 회사를 그만두고 합류하기로 한 것이다. 그런데 적지 않은 지분이라는 애매한 표현도 마음에 걸리고 그 지분을 언제 줄지도 결정된 바가 없어서 선배에게 문의했더니 본인을 못 믿느냐며 조금만 기다리라고 차일피일 미루고 있다. 계속 이야기하자니 선배를 못 믿거나 너무 밝히는 사람이 되는 것 같아서 찜찜하지만, 다시 회사로 돌아갈 수도 없고 마냥 기다릴 수도 없어서 어떻게 해야 할지 모르겠다.

주식회사를 설립하면 공동 창업자들끼리 각자 지분을 얼마씩 나눠 가질지 사전에 잘 협의해야 한다. 사람은 불편한 이야기를 미루는 습관이 있기 때문에 지분 협의를 차일피일 미루는 경우도 많고 회사를 설립할 때 급하게 결정하다 보니 충분히 협의되지 않기도 한다. 그러니 두고두고 불만이 생기는 경우가 많다. 심지어 서로 지분을 더 가지려고 욕심을 부리다가 협의가 잘 되지 않아 이면 계약서를 쓰는 경우도 봤는데 나중에 잘되든, 잘못되든 분명히 문제가 될 수 있으니 지양해야 한다.

이해관계가 많이 얽혀 있는 불편한 이야기인 것은 맞지만 되도록 빨리 매끄럽게 정리하고 주주 간 계약서를 작성한 뒤 본업에 집중하는 것이 현명하다.

스타트업에서 지분의 의미

스타트업에서 지분의 의미는 주주들이 자신이 가진 지분율에 따라 의사 결정에 참여할 수 있다는 것이다. 따라서 지분율이 높을수록 주식회사의 경영에 직간접적인 통제권이 커진다고 볼 수 있다.

예를 들어 대표 이사가 50%+1주 이상의 최대 주주인 경우 보통 결의 사항을 단독으로 결정할 수 있다.

지분율	행사 가능한 통제력
3%	위법 행위 감시 및 통제
25%	단독 출석 시 보통 결의 사항 통과 가능
33.4%	단독 출석 시 특별 결의 사항 통과 가능
50%+1주	보통 결의 사항 통과 가능
66.7%	특별 결의 사항 통과 가능
100%	1인 회사

지분율에 따른 행사 가능한 통제력

주주 총회의 보통 결의 사항

주주 총회 보통 결의 요건=출석한 주주 의결권의 과반수와 발행 주식 총수의 4분의 1 이상의 수

- 이사, 감사, 청산인의 선임, 보수 결정
- 주주 총회의 의장의 선임
- 자기 주식의 취득 결의, 지배 주주의 매도 청구권
- 결손 보전을 위한 자본금의 감소, 법정 준비금의 감소
- 재무제표의 승인, 이익의 배당, 주식 배당
- 검사인의 선임, 청산인의 해임, 청산 종료의 승인

주주 총회의 특별 결의 사항

주주 총회 특별 결의 요건=출석한 주주 의결권의 3분의 2 이상의 수와 발행 주식 총수의 3분의 1 이상의 수

- 정관의 변경
- 영업의 전부 또는 중요한 일부의 양도, 영업 전부의 임대 또는 경영 위임
- 회사의 영업에 중대한 영향을 미치는 다른 회사와의 영업 전부 또는 일부의 양수
- 주식 매수 선택권의 부여
- 이사 또는 감사의 해임
- 자본금의 감소, 합병 및 분할, 사후 설립, 임의 해산
- 주주 외의 자에 대한 전환 사채 및 신주 인수권부 사채의 발행
- 주식의 포괄적 교환, 주식의 포괄적 이전, 주식 분할, 주식의 할인 발행

이사회의 결의 사항

이사회의 결의 요건=이사 과반수의 출석과 출석 이사의 과반수

- 사채의 발행, 주식 양도의 승인, 주식 매수 선택권의 취소
- 자기 주식의 처분, 자기 주식의 소각
- 회사의 중요한 자산의 처분 및 양도, 대규모 재산의 차입
- 지배인의 선임 및 해임, 지점의 설치, 이전, 폐지
- 이사의 직무 집행 감독
- 주주 총회 소집권, 이상회 소집권자의 특정
- 이사와 회사 간의 거래 승인, 이사의 경업 거래 승인
- 재무제표의 승인, 영업 보고서의 승인
- 중간 배당
- 간이 합병, 소규모 합병의 합병 계약서 승인
- 간이 주식 교환, 소규모 주식 교환

이사회의 결의 사항이지만 정관으로 주주 총회 결의 사항으로 할 수 있는 경우

- 대표 이사의 선임, 공동 대표의 선임
- 신주의 발행, 준비금의 자본 전입
- 전환 사채의 발행, 신주 인수권부 사채의 발행

이익 잉여금이 있을 때 재투자하고 남은 금액을 지분율에 따라 배당도 가능하다. 하지만 대부분의 스타트업이 이익 잉여금이 생기기는커녕 적자인 경우가 많고 이익 잉여금이 있더라도 재투자나 R&D에 모두 쓰기 때문에 사실상 처음 3년에서 5년

간은 배당의 의미가 없다고 보는 것이 좋다. IPO를 하지 않는다면 결국 회사를 매각했을 때 지분율에 따른 보상이 가장 핵심적인 요인이 될 것이다. 쉽게 말해 지분을 20% 보유하고 있는데 회사가 100억 원에 매각됐을 경우 세전 20억 원을 받을 수 있다는 뜻이다.

벤처 캐피털에서 중시하는 지분 구성 검토 사항

- 대표 이사^{창업자} 지분의 적절성
- 공동 창업자 및 핵심 인력 보유 지분의 적절성
- 소액 주주^{개인 투자가} 지분의 적절성
- 다른 벤처 캐피털 보유 지분의 적절성

바람직하지 못한 지분의 구성

- 대표 이사의 지분이 낮은 경우
- 기업 외부 관계자의 지분이 내부 관계자의 지분보다 높은 경우
- 소수의 핵심 인력이 지분을 동등하게 보유한 경우
- 엔젤 투자 등으로 주주 수가 너무 많은 경우
- 서류상 지분 구성과 실제 지분 구성이 다른 경우

지분을 나누는 방법

미국의 VC들은 n분의 1을 선호한다. 공동의 기여, 공동의 노력, 공동의 보상을 철학으로 하며 합리적인 미국식 문화에 기반을 둔다. 에어비앤비에 초기에 투자해

서 유명해진 와이 콤비네이터$^{Y Combinator}$가 인큐베이팅한 회사들을 보면 아주 잘된 회사들은 대부분 n분의 1로 지분을 나눴다.

사실 공동 창업자 중 누구라도 지분 구조가 불공평하다고 생각하면 불만이 생길 수밖에 없고 그 팀은 오래가지 못할 가능성이 매우 크다. 공평성과 형평성은 차이가 있으니 각자의 상황에 따라 판단할 필요가 있다.

반면 한국의 VC들은 대표 이사가 압도적인 최대 주주(가능하면 60~70% 이상)인 것을 선호한다. 내가 만나 본 VC들의 절대다수가 지분 구조에 비슷한 생각이었다. 공동 창업자끼리 지분 보유율이 엇비슷하면 의사 결정이 늦고 배가 산으로 갈 수 있다고 생각한다. 또한 대표 이사의 지분이 너무 적은 경우에는 투자가 계속돼 지분이 희석되면 경영권 방어에도 문제가 생길 수 있다. 따라서 국내 기관 투자자로부터 투자를 받기 위해서는 대표 이사가 최대 주주가 되는 것을 추천한다.

대표 이사가 압도적인 최대 주주여야 한다는 말은 넘버 2$^{공동 창업자 2}$와 넘버 3$^{공동 창업자 3}$의 합이 넘버 1$^{대표 이사}$을 넘어서는 안 된다는 것을 의미한다.

예를 들어 3명이 공동 창업을 했다. 서로 사이좋게 대표 이사가 40%, 2대 주주가 30%, 3대 주주가 30%를 가진 경우 2대 주주와 3대 주주의 지분의 합이 대표 이사보다 많아서 자칫 잘못하면 대표 이사가 쫓겨날 수도 있다. 국가 대표 축구팀의 433전술도 아니고 40, 30, 30은 위험하다. 아무쪼록 공동 창업자와 잘 협의하여 현명하게 지분 정리를 하길 바란다.

주주 간 계약서
쓰는 방법

국내 대형 게임 회사에서 실제로 있었던 일이다. 대학 선후배 몇 명이 모여 창업을 했고 상호 협의하에 지분을 나눠 가졌다. 게임을 개발하고 조금씩 성장할 무렵 공동 창업자 간에 불화가 생겨 그중 몇 명이 퇴사를 했다. 문제는 퇴사했을 때 각자가 갖고 있던 지분을 어떻게 처리할지에 대한 규정이 없었고 계약서는 더더욱 없었기 때문에 퇴사한 사람들이 그대로 지분을 보유하게 됐다.

이후 그 게임 회사는 계속 승승장구해 코스닥에 상장했고 글로벌한 게임 회사가 됐다. 이 덕분에 퇴사한 사람들은 아무런 기여 없이 불로소득에 가까운 돈을 벌었을 것이고 남아서 회사를 키우고 고생한 사람들은 득도하지 않고서야 퇴사한 사람들에 대한 불편한 마음이 있었을 것이다.

공동 창업자들 간의 출자금 비율과 그에 따른 지분 배분 문제가 결정됐다면 주주 간 계약서 또는 동업 계약서를 반드시 써야 한다. '우리가 남이가?', '형 못 믿어?', '나중에 알아서 챙겨 줄게' 등의 말은 아무런 의미가 없다. 문서가 약속이고 계약서가 신뢰다.

지분에 대한 내용뿐만 아니라 각 창업자가 보유 주식을 제삼자에게 양도하는 경우의 동의권, 직장에 근무하며 창업에 참여하는 자들과 전업으로 창업에 참여하는 자들의 이해관계 조정 문제에 대해서도 명문화해야 한다. 또한 사업의 내용, 수익 분배 비율, 이익의 산정 및 분배 방법, R&R^{Role and Responsibilities: 역할과 책임}, 탈퇴 및 청산 방법에 관해 상세하게 작성해야 한다. 계약의 내용은 구체적일수록 좋다.

앞서 말한 대로 창업자들이 추후 투자 유치를 위해 실제 출자금 및 지분과 다르게 지분을 구성하는 경우가 종종 있다. 끝까지 상호 합의가 되지 않아 어쩔 수 없이 이면 계약을 하는 것이 마음으로는 이해가 된다. 하지만 추후 지분 관련 정산, 이익 분배 및 엑시트 과정에서의 매각 대금 분배, 보유 주식의 제삼자 양도, 창업자 일부의 이탈 및 동종 업계 창업, 청산 시 잔여 재산 분배나 채무 정산 등에 관해 많은 문제가 발생한다. 심지어 소송까지 가는 경우도 많으니 가급적 지양하길 바란다.

특히 공동 창업자가 퇴사할 경우를 대비해 관련 규정을 협의 후 잘 만들어야 한다. 뜻을 함께하기로 했던 공동 창업자가 창업 초기에 여러 사정으로 인해 퇴사하게 되면 회사에 대한 기여 없이 지분만 보유하게 될 가능성이 있다. 반대로 공동 창업자를 내보내고 싶어도 지분 때문에 퇴사하지 않을 수도 있기 때문에 사전에 자세하고 정확하게 협의하는 것이 좋다.

극단적인 방식은 몇 년을 일하든 상관없이 퇴사하면 무조건 지분을 전량 회사에 반납하는 것이고, 좀 더 합리적인 방식은 몇 년 이상 근무 시 1년에 n%씩 인정해 주는 것이다.

3~4년	보유 지분의 30% 인정	퇴사 이후 3% 보유 가능 / 7% 회사에서 환수
4~5년	보유 지분의 60% 인정	퇴사 이후 6% 보유 가능 / 4% 회사에서 환수
5년 이상	보유 지분의 100% 인정	퇴사 이후에도 10% 보유 가능

＊지분 10%를 보유한 공동 창업자 퇴사 시 지분 유지 예시

• 3년 이상 근무 시 유효함(3년 이내 퇴사 시 보유 지분 전량 환수)
• 3년 정도 동고동락했으면 어느 정도 기여도를 인정해 줘야 한다는 취지
• 5년 이상 근무했다면 퇴사 시 지분 전액 유지 또는 구주 매각
• 회사 또는 기존 주주가 인수할 때: 창업 초기라면 액면가로 하는 방법, 투자를 어느 정도 받은 후에는 회사의 직전 기업 가치로 하는 방식도 있음

동업 계약의 내용 중 모호한 사항이 많을수록 창업자들 사이에 소송까지 가는 경우가 많다. 그러므로 계약 조항과 문구는 중의적으로 해석되지 않도록 가급적 구체적으로 작성해야 한다. '아직 회사가 초기이고 돈도 못 버는데 무슨 지분 이야기냐'며 지분에 대한 이야기를 불편해하거나 금기시하는 사람도 많다. 하지만 분쟁을 미리 방지하고 서로를 보호하기 위해 지분 구조를 잘 협의해서 정하고 주주 간 계약서를 꼭 쓰길 바란다.

참고로 스톡옵션은 신주를 발행해 주기 때문에 사전에 협의하는 것이 좋다. 기존 투자자(주주)가 있다면 지분이 희석되므로 반대할 수도 있다. 스톡옵션 풀은 최소 10~15%를 확보하는 것이 좋다. 그래야만 추후 C 레벨C-Level 인재를 영입할 때 활용할 수 있다. C 레벨은 CEO, CMO, CTO, COO, CFO 같은 최고 경영진 또는 임원진을 통칭한다. 창업 초기에는 이들에게 급여를 많이 주기도 어렵고, 또한 급

여만으로는 좋은 인재를 확보하기가 쉽지 않기 때문에 스톡옵션 제도를 알맞게 활용하는 것이 좋다.

비즈니스 모델 수립하기
1 비즈니스 모델 캔버스

비즈니스 모델$^{Business\ Model}$이란 기업의 제품이나 서비스의 전달 방식, 수익 창출 방법 등을 정리한 모형을 말한다. 흔히 BM이라고 줄여서 말한다. 많은 사람이 비즈니스 모델과 수익 모델을 혼동하여 사용하는데 수익 모델을 비즈니스 모델의 부분 집합 정도로 생각하면 되겠다. 비즈니스 모델을 수립할 때는 기존에 잘 만들어진 프레임 워크를 이용하면 좋다. 대표적인 것으로 '비즈니스 모델 캔버스$^{Business\ Model\ Canvas}$'와 '린 캔버스$^{Lean\ Canvas}$'가 있다. 먼저 비즈니스 모델 캔버스에 대해 자세히 소개하겠다.

비즈니스 모델 캔버스는 스위스 로잔 대학교 교수 예스 피그누어와 그의 제자 알렉산더 오스터왈더가 창안한 비즈니스 모델 프레임 워크로, 사업 모델을 구성하는 핵심 요소 9개를 표 한 장으로 시각화하고 평가하는 방법론이다. 한 장의 캔버스에 비즈니스 모델의 핵심 구성 요소를 담고 고객 가치 창출 과정을 도식화할 수 있다는 점이 특징이다. 두 사람은 공동 저서인 《비즈니스 모델의 탄생Business Model Generation》에서 이 프레임 워크를 "비즈니스 모델이란 하나의 조직이 어떻게 가치를 창조하고 전파하며 포착해 내는지를 합리적이고 체계적으로 묘사해 낸 것이다"라고 정의했다.

*https://www.strategyzer.com/canvas/business-model-canvas

❷ 핵심 활동 (Key Activities)		❺ 고객 관계 (Customer Relationship)	
❶ 핵심 파트너 (Key Partnership)	❹ 가치 제안 (Value Proposition)		❼ 고객 세분화 (Customer Segments)
❸ 핵심 자원 (Key Resources)		❻ 채널 (Channels)	
❽ 비용 구조 (Cost Structure)		❾ 수익원 (Revenue Streams)	

비즈니스 모델 캔버스

핵심 파트너(Key Partnership)

고객의 니즈가 세분화되고 비즈니스의 복잡도가 심해지면서 특정 기업이 혼자 해결할 수 있는 일의 범위가 많이 축소되고 있다. 설사 모든 일을 다 할 수 있다고 하더라도 시간과 비용 면에서 효율적이지 않은 경우가 많다. 따라서 상보적 관계에 있는 다른 기업들과의 제휴를 통해 시너지를 낼 방법을 찾는 것이 현명하다.

기업의 내부 역량에 따라 광고, 개발, 디자인 같은 일부 비전문 영역을 아웃소싱하거나 비경쟁자들과 전략적 동맹을 맺고 심지어 경쟁 업체들 간에도 파트너십을 맺는 일이 많아지고 있다. KT와 LG U+가 넷플릭스와 제휴한 것도 좋은 사례다. 경영진 입장에서는 혼자 다 할지 아니면 외부 협력사를 활용할지에 대해서도 끊임없이 고민해야 한다. 핵심 파트너를 구축하는 방법에는 경쟁사 간의 전략적 동맹, 비경쟁자들과의 전략적 파트너십, 새로운 비즈니스를 위한 합작 투자joint venture, 안정성 있는 구매와 공급을 위한 관계 등이 있다.

핵심 활동(Key Activities)

기업이 고객에게 가치를 제공하기 위한 주요 활동으로 무엇을 생산할지, 어떤 문제를 해결할지, 경쟁사를 이기기 위해 무엇을 할지 등을 정의해야 한다. 비즈니스를 영위하기 위한 중점 활동은 생산, 문제 해결, 플랫폼 / 네트워크로 나눌 수 있다.

핵심 자원(Key Resources)

사업을 영위하기 위해 꼭 필요한 자원이 무엇인가에 대한 내용이다. 물적 자원(장비, 자원, 부품 등), 인적 자원(직원), 기술 자원, 지식 재산권, 재무 자원 등을 말한다. 핵심 자원이 없다면 핵심 활동을 하지 못하고 가치 제안 역시 불가능하기 때문에 창업 이전부터 핵심 자원을 확보하는 노력을 해야 한다.

가치 제안(Value Proposition)

고객에게 전달하려는 유무형의 가치 또는 차별화 요소를 의미한다. 기업은 고객이 처한 문제를 해결하고 욕구를 충족시키는 가치를 제공해야만 한다. 그래야 고객이 돈을 지불하고 구매하고자 하는 욕구가 생긴다.

고객 관계(Customer Relationship)

고객을 확보하고 관계를 유지하고 상호 작용하기 위한 방법을 말한다. 또한 제품이나 서비스를 계속 구매하도록 하기 위한 다양한 마케팅 활동을 의미하기도 한다. 기업에서 운영하는 고객 센터(전화, 이메일, 챗봇 등), 프라이빗 뱅킹 서비스, 프랜차이즈의 키오스크, 개인 맞춤형 큐레이션 서비스, 온오프라인 커뮤니티 및 SNS 운영 등의 방법이 있다.

채널(Channels)

기업이 고객에게 가치를 제공하기 위해 커뮤니케이션하고 제품이나 서비스를 전달하는 방식을 말한다. 쉽게 말해 기업과 고객이 만나는 접점이다. 기업이 제공하려는 가치에 대해 고객이 이해도를 높이고 구매하게 하며 구매 고객에 대한 AS^After ^Service를 제공한다. 특히 판매 채널을 결정할 때는 타깃 고객에 따라 오프라인과 온라인 방식을 활용하되 웹^Web으로 할지, 앱^App으로 할지, 오픈 마켓을 활용할지, 네이버의 스마트스토어를 활용할지 아니면 시간과 돈을 들여 자사 몰을 만들지 등에 대해서도 전략적으로 접근해야 한다.

고객 세분화(Customer Segments)

우리의 진짜 고객은 누구인가, 핵심 타깃은 누구인가에 대한 정의가 필요하다. 고객군을 세분화해 우리의 제품이나 서비스를 누구에게 팔지 정하고 기업의 모든 역량을 타깃 고객에게 집중해 전략을 짜야 한다. 모든 고객을 대상으로 서비스를 하겠다는 것은 누구도 핵심 고객이 될 수 없다는 것을 의미한다.

배달의민족 김봉진 대표는 "좁히고 좁히고 좁히고, 줄이고 줄이고 줄여서 하나의 고객에 집중하라"라고 말했다. 실제로 배달의민족의 최초 고객은 '강남에 혼자 사는 20대 초반의 남자'였다고 한다. 시장 규모는 매우 작겠지만 그 시장에서 1등을 하고 확산 전략을 취한 것이다.

비용 구조(Cost Structure)

사업을 하기 위해 어떤 비용이 얼마나 드는가에 대한 내용이다. 비용의 유형에는 크게 고정비와 변동비가 있으며 세부 사항으로는 매출 원가, 인건비(급여, 복리 후생비, 기타 인건비, 퇴직 급여), 임차료, 광고 선전비, 기타 운영비 등이 있다. 초기 스타트업일수록 매출 없이 비용만 나가기 때문에 가능한 한 비용을 최소화해서 오래 버텨야 한다. 수익이 매출을 넘거나 외부 자금이 조달될 때까지 생존하기에 적합한 구조를 만들어 놔야 기회가 왔을 때 잡을 수 있다.

수익원(Revenue Streams)

기업이 획득한 고객으로부터 창출하는 현금을 의미한다. 사업을 통해 어디에서 얼마나 벌 수 있는가를 정의해야 하며 기업이 제공하는 제품이나 서비스의 대가로 고객이 돈을 지불하는 방식, 흔히 말하는 수익 모델이 여기에 해당한다. 대표적인 수익 모델에는 물품 판매, 이용료, 가입지, 대여료 / 임대료, 라이센싱, 중개 수수료, 광고 등이 있다. 뒤에서 자세히 설명하겠다.

다음은 각 기업을 예시로 비즈니스 모델 캔버스를 작성한 것이다.

▶ 카카오

❶ 핵심 파트너	❷ 핵심 활동	❹ 가치 제안	❺ 고객 관계	❼ 고객 세분화
· 이동 통신사 · 콘텐츠 개발사 · 투자사	· 모바일 메시징 · 모바일 앱	· 무료 메신저 · 사진 공유 · SNS · 게임 · 디지털 콘텐츠	· 유저 커뮤니티 · 개발자 플랫폼 · 마케팅 플랫폼	· 스마트폰 사용자 · 플러스친구 제휴 업체 · 게임 개발사 · 광고주
	❸ 핵심 자원		❻ 채널	
	· 카카오 플랫폼 · 사용자 그룹 · 브랜드 파워		· 모바일 앱 · PC 웹 사이트	

❺ 비용 구조	❾ 수익원
· 데이터 센터 유지 관리비 · 광고비 · 인건비	· 기본 사용자 무료 · 판매 수수료(기프티콘, 이모티콘, 게임, 페이지 등) · 광고 수익

▶ 샤오미

❶ 핵심 파트너	❷ 핵심 활동	❹ 가치 제안	❺ 고객 관계	❼ 고객 세분화
· 모바일 개발자 · 하드웨어 제조 업체 · 팬 커뮤니티	· 하드웨어 제조 · 소프트웨어 개발 · 팬 커뮤니티 관리	· 낮은 가격 · 좋은 품질 · 앱 플랫폼 · 브랜드	· 공동 창조 · 공동 작업	· 개발자 · 글로벌 유저
	❸ 핵심 자원		❻ 채널	
	· IT 인프라 · 브랜드 인지도 · 전문적인 지원		· SNS · PC 웹 사이트 · 모바일 앱	

❺ 비용 구조	❾ 수익원
· 마케팅 · 고객 주문 처리 · R&D 및 콘텐츠 개발	· 하드웨어, 소프트웨어 판매 · 주변 기기 판매

▶ 네스프레소

❶ 핵심 파트너	❷ 핵심 활동	❹ 가치 제안	❺ 고객 관계	❼ 고객 세분화
• 하드웨어 제조 업체 • 커피 생산 업체 • 유통 업체	• 커피 머신 제조 • 커피 캡슐 제조 • 마케팅	• 질 좋은 • 고급 커피를 • 언제 어디서나	• 멤버십 회원 관리 • 정기 배송	• 집, 회사에서도 카페에서처럼 고급 커피를 마시고 싶어 하는 고객
	❸ 핵심 자원		❻ 채널	
	• IT 인프라 • 브랜드 인지도 • 전문적인 직원		• SNS • PC 웹 사이트 • 모바일 앱 • 오프라인	

❽ 비용 구조	❾ 수익원
• 하드웨어 제작 및 배송 • 마케팅 • 고객 주문 처리	• 네스프레소 커피 머신 판매 수익 • 커피 캡슐 판매 수익

▶ 직방

❶ 핵심 파트너	❷ 핵심 활동	❹ 가치 제안	❺ 고객 관계	❼ 고객 세분화
• 공인 중개사 • 건물주 • 투자사	• 광고/마케팅 • 공인 중개사 영업	• 임차인: 원룸, 오피스텔에 대한 다양한 정보 제공 • 공인 중개사: 광고할 수 있는 플랫폼 제공	• 유저 커뮤니티 • 마케팅 플랫폼	• 직장인 • 대학생 • 방을 구하려는 임차인
	❸ 핵심 자원		❻ 채널	
	• IT 전문 인력 • 공인 중개사 그룹 • 브랜드 인지도		• SNS • PC 웹 사이트 • 모바일 앱	

❽ 비용 구조	❾ 수익원
• 인건비 • 서버 유지비 • 임대료	• 공인 중개사 광고비

비즈니스 모델 수립하기
2 린 캔버스

린 캔버스는《린 스타트업》의 저자인 애시 모리아가 소개한 비즈니스 분석 프레임으로 창업 전 검증 단계에서 많이 쓰인다. 본인의 아이디어를 좀 더 객관적인 시각으로 바라볼 수 있도록 해 주고 비즈니스 모델 캔버스보다 고객이 겪고 있는 문제나 기존의 솔루션에 집중한다는 장점이 있다.

문제(Problem)

너무 많은 문제는 핵심에 집중하지 못하게 한다. 그렇기 때문에 문제점은 3개 이내로 적어야 한다. 고객이 겪고 있는 불편함, 문제점 등을 단순화해서 기록하는 것이 좋다. 플랫폼 사업자라면 수요자와 공급자가 겪는 문제점을 모두 작성해야 한다. 문

린 캔버스

제를 모르는 게 정말 큰 문제이지, 문제를 명확히 알면 해결할 수 있다.

예를 들어 기존의 이 커머스 사업자들의 배송이 너무 느리다는 고객의 불만에서 쿠팡의 로켓배송이 나왔다.

해결 방안(Solution)

'문제'에서 고객이 겪고 있는 문제를 기술했다면 그 문제를 해결하기 위한 핵심적 기능 세 가지를 기술해야 한다. 고객 인터뷰나 시장 조사를 통해 문제를 해결할 수 있는지, 기술적으로 구현 가능한지를 사전에 충분히 검토해야 한다. 문제를 명확히 했으나 해결 방안이 신통치 않다면 좀 더 준비하거나 때를 기다려야 한다.

핵심 지표(Key Metrics)

핵심 지표는 회사의 근간이 되는 중요한 지표로써 관리하는 성과 지표 중 선정한 중요한 지표 2~3개를 말한다. 핵심 지표는 회사의 생존 가능성, 사업의 성장 속도를 가늠할 수 있는 가장 직관적이고 명확한 지표가 된다.

고유의 가치 제안(Unique Value Proposition)

제품이나 서비스를 구매해야 하는 이유와 차별성이다. 비즈니스 모델 캔버스의 '가치 제안'과 동일하다.

경쟁 우위(Unfair Advantage)

경쟁자와 비교해 차별화된 기술 우위, 시간 우위, 조직 우위 등을 가졌는지에 대한 부분이다. 경쟁자와 모든 면에서 역량이 비슷한 수준이라면 결국 광고, 마케팅, 브랜딩에 의해 승패가 결정되기도 하는데 이런 상황에서는 자금력이 있는 곳이 이기게 된다. 따라서 경쟁사와 대비해 어떤 차별화 요소가 있는지 분석하고 정의해야 한다.

채널(Channels)

고객 도달 경로다. 비즈니스 모델 캔버스의 '채널'과 동일하다.

고객군(Solution)

우리가 만들려는 제품이나 서비스의 주요 고객이 누구인가에 초점을 맞춘다. 나이, 지역, 성별, 성향, 직업 등을 세분화해 고객 페르소나를 정의하면 사업 전략이나 마케팅 전략을 세울 때 도움이 된다. 결국 고객이 모이면 시장이 된다. 마케팅 관점에서 페르소나를 설정한다는 것은 브랜드의 이미지를 나타낼 수 있는 구체적인 개성을 지닌 가상의 인물을 설정하는 것이다. 다시 말해 가장 핵심이 되는 고객, 가장 중요한 고객, 가장 집중해야 하는 고객이라고 말할 수 있다.

비용 구조(Cost Structure)

인건비, 고객 획득 비용, 유통 비용, 호스팅 등 비즈니스 모델 캔버스의 비용 구조와 동일하다.

수익원(Revenue Stream)

매출, 영업 이익 등이 발생하는 방식이다. 비즈니스 모델 캔버스의 '수익원'과 동일하다.

비즈니스 모델 캔버스와 린 캔버스 외에도 다양한 형태의 비즈니스 모델 프레임워크가 있으니 회사의 상황과 시기에 따라 적절한 모델을 도입해 보면 좋겠다.

비즈니스 모델 수립하기
3 수익 모델 바로 알기

비즈니스 모델의 가장 핵심 구성 요소는 스타트업의 생존을 위한 '수익 모델'이다. 이번 장에서 기업의 대표적인 수익 모델 6가지를 소개하고자 한다. 두세 가지를 섞은 모델과 파생 비즈니스 모델도 있겠지만 이외의 경우는 거의 없다고 봐도 무방하다.

대표적 수익 모델과 사례

물품 판매

제품이나 서비스를 판매하는 모델이다. 방식은 두 가지다. 제품의 생산부터 판매까지 모든 과정을 직접 하는 방식, 유통 과정의 플레이어로서 다른 공급자로부터 제품을 사 와 이익을 붙여서 다음 단계의 수요자에게 판매하는 방식이다. 삼성전자의 스마트폰 생산 및 판매, 동대문에서 옷을 사입하여 온라인에서 판매하는 인터넷 쇼핑몰 사업자 등이 대표적인 사례다. 중간 형태로 자동차 회사처럼 중소기업으로부터 부품을 공급받아서 완제품을 조립하여 판매하는 것도 가능하다.

서비스는 "재화를 생산하지는 않으나 그것을 운반·배급하거나 생산·소비에 필요한 노무를 제공하는 것"을 의미한다. 청소, 이사, 미용같이 사람이 직접 손으로 하는 서비스부터 인터넷 서비스, 정보 서비스, 부동산 서비스, 의료 서비스, 법률 서비스 등 다양한 영역까지 확장돼 사용되고 있다. 스타트업에서 말하는 서비스는 보통 애플리케이션이나 웹 사이트를 만들어 고객에게 가치를 제공하는 것을 의미한다.

가입비와 이용료

가입비는 어떤 모임에 가입하거나 유료 서비스를 처음 이용할 때 멤버십 형태로 과금하는 것을 말한다. 가입비의 대표적인 예로는 보험, 결혼 중개 서비스, 인터넷 서비스 가입비 등이다.

이용료는 어떤 서비스를 일정 기간 사용하기 위해 지불하는 비용이다. 영화나 음원 스트리밍 서비스를 이용할 때 매월 내는 구독 서비스가 대표적이다. 전 세계적으로 성공한 넷플릭스, 아마존 프라임, 유튜브 프리미엄, 애플 뮤직도 구독 서비스고 네이버 플러스, 쿠팡 와우 같은 서비스도 모두 이용료를 지불하는 방식이다.

라이센싱

캐릭터, 기술, 특허, 브랜드 등에 대한 지식 재산권을 빌려주고 돈을 받는 방식이다. 카카오 프렌즈의 캐릭터 사업, 퀄컴의 기술 특허, 게임사들의 IP 사업 등이 대표적이다.

중개 수수료

공급자와 수요자를 중간에서 연결해 주고 거래 성사에 대한 수수료를 받는 모델이다. 플랫폼 사업자 대부분이 중개 수수료를 비즈니스 모델로 한다. 대표적인 예로 아마존, 11번가, 이베이 같은 대부분의 이 커머스 플랫폼이 있고 청소업체, 이사업체, 아이 돌보미 등을 연결해 주고 수수료를 받는 O2O$^{Offline\ to\ Online}$ 사업자, 매수인과 매도인을 연결해 주는 부동산 중개소 등이 있다.

대여료 / 임대료

제품이나 공간을 빌려주고 돈을 받는 모델이다. 과거에는 비디오테이프를 하루 이틀 빌려주고 돈을 받는 비디오 대여점이 성행했으나 인터넷이 발달하면서 역사 속으로 사라졌다. 요즘에는 홈 쇼핑에서 많이 볼 수 있는 각종 렌털 사업(자동차, 정수기, 안마 의자, 에어컨, 냉장고 등)과 건물의 임대료가 대표적인 사례다. 쏘카 같은 차량 공유 서비스나 에어비앤비 같은 숙박 플랫폼 역시 단기간 자동차나 숙소를 빌리고 돈을 지불하는 면에서 대여료라고 볼 수 있다.

광고

오프라인 매체는 구독자를 기반으로, 온라인 매체는 트래픽을 기반으로 일정 지면을 할애해 광고를 노출하고 돈을 받는 방식이다. 네이버, 카카오 같은 대형 인터넷 포털 사업자들도 이메일, 카페, 블로그, 뉴스 등의 서비스를 무료로 제공하는 대신 이런 서비스에서 발생하는 막대한 트래픽을 기반으로 광고주 영업을 하여 수익을 발생시킨다. 방송국은 시청률에 따라, 신문사와 잡지사는 구독자 수에 따라 광고 매출이 발생하고 동영상 플랫폼인 유튜브는 조회 수를 기반으로 영상에 광고를 삽입해 수익을 창출하는 모델이다.

많은 스타트업이 애플리케이션이나 웹 사이트를 만들고 사용자를 모은 후 어느 정도 트래픽(Page View, Unique Visitors, DAU, MAU 등)이 나오면 저절로 돈을 벌 것이라고 착각하는데 현실은 그렇게 녹록지 않다. 과거에는 다운로드가 많으면 투자도 받고 돈을 벌 수 있던 시절이 있었지만, 요즘에는 체리 피커Cherry picker가 많아져 다운로드만으로는 스타트업의 성과를 내기가 어려워졌다.

체리 피커란, 자신의 실속만 차리는 소비자를 일컫는다. 과거 카드 회사들이 카드 발급을 늘리기 위해 주유 할인, 항공사 마일리지 제공, 커피숍 할인 및 적립 등 다양한 부가 혜택을 경쟁적으로 줬는데 카드는 사용하지 않고 혜택만 받는 사람들이 많았다. 그래서 카드 회사들이 최소 30만 원의 전월 실적 조건을 반영하게 됐다.

스타트업의 경우 보상형 광고를 통해 다운을 받고 보상만 받은 후 앱은 사용하지 않고 바로 지우는 고객을 말한다. 이제는 실제 사용자 수를 나타내는 DAUDaily Active User: 일별 사용자 수, MAUMonthly Active User: 월별 사용자 수 등의 지표로 성과를 분석하고 판단해야 한다.

문제는 앱과 웹의 실제 사용자 수가 늘어나도 광고를 붙이거나 인앱 결제앱 안에서 유료 아이템 판매를 통해 수익 모델을 만들어야 하는데 대부분의 사용자가 무료로 사용하는 데 익숙해져 있기 때문에 유료로 전환하기가 쉽지 않다는 것이다. 심지어 코스닥 상장사이면서 한때 업계 1위였던 '다음'에서 한메일을 유료화했다가 큰 참패를 보고 수

많은 유저를 네이버에 뺏긴 유명한 일화도 있다.

앱 비즈니스를 하는 다수의 스타트업이 기본적인 기능은 무료로 제공하고 고급 기능에 대해서만 돈을 받는 Freemium$^{Free+Premium}$ 모델을 적용하고 있지만 역시나 유의미한 매출이 나오기는 쉽지 않다. 따라서 창업 초기부터 성장 단계별 비즈니스 모델, 특히 수익 모델을 구축하여 지속적으로 테스트를 하면서 돈을 버는 구조를 만들어야 한다.

좋은 사업 계획서가
갖춰야 할 조건

이제 막 창업한 C씨는 자신의 아이디어와 비전을 엔젤 투자자들에게 보여 주기 위해 사업 계획서를 만들기 시작했다. 백지상태의 파워포인트 앞에 앉으니 머릿속이 하얗게 됐다. 말로 설명하는 것은 잘할 자신이 있는데 사업 계획서 작성은 처음이라 어디서부터 어떻게 시작해야 할지 막막하다. 산업도 다르고 아이템도 달라서 검색해 봐도 별 도움이 되지 않는다.

직장을 다니면서 창업을 준비하고 있는 D씨는 창업진흥원에서 지원하는 정부 과제인 예비 창업 패키지에 지원하려고 한다. 막상 신청서를 다운 받아 보니 창업 아이템의 개발 동기, 목적, 사업화 전략, 성과 창출 전략 등 입력해야 하는 내용이 너무 방대하고 어려워서 어떻게 써야 할지 고민이다.

사업을 하기로 결심하고 진행하는 과정에서 사람들이 가장 어려워하는 것이 바로 사업 계획서를 작성이다. 그동안 자기 생각을 남에게 말로 설득하기는 많이 해보기도 하고 익숙하지만 파워포인트 같은 오피스 프로그램을 이용해 문서화하고 구조화하는 훈련이 안 된 사람들에게는 매우 힘든 일이다. 그렇기 때문에 사업 계획서를 창업 이전부터 공부하고 작성해 보는 연습을 하는 것이 좋다.

사업 계획서는 영어로 비즈니스 플랜^{Business Plan}이라고 하며 창업 아이템을 실행 가능한 구체적인 계획으로 발전시킨 것을 말한다. 사업의 타당성을 다양한 각도에서 체계적으로 점검하고 발생 가능한 변수를 명확히 분석함으로써 위험 요인을 사전에 제거하는 데 활용할 수 있다. 또한 신규 사업을 할 때 추진 일정을 계획대로 진행해서 비용을 절감하고 프로젝트 추진 상황을 관리 및 평가할 수 있는 핵심 자료로 활용할 수 있다.

사업 계획서에서 가장 중요한 세 가지

좋은 사업 계획서를 작성하기 위해서는 많은 요소가 필요하다. 시장과 사업에 대한 인사이트가 있어야 하고 목표 중심적이며 설득력이 있어야 한다. 또한 객관적이고 논리적이며 문서 전체가 일관성이 있어야 한다. 전체적인 흐름은 스토리텔링이 되어 한 장 한 장 부드럽게 넘어가면서 이해가 돼야 한다. 결국 투자 유치나 입찰 선정 같은 사업 계획서의 목표를 이룰 수 있어야 한다. 이렇게 사업 계획서가 갖춰야 할 특성에는 여러 가지가 있으나 가장 중요한 세 가지만 강조해서 설명하겠다.

객관성

사업 계획서에 들어가는 모든 데이터는 사실이어야 하고 그 근거가 명확해야 한다. 그래서 각종 통계 자료나 리서치 자료를 인용한다면 반드시 출처를 밝혀야 한다. 만약 과거 데이터가 아닌 예상치라면 '예상', '추정', 'E^{estimation}' 표시를 해 줘야 한다. 가능하다면 공신력 있는 기관에서 발표한 신뢰할 수 있는 데이터가 좋다. 아무리 찾아도 관련 데이터가 없다면 창업자 스스로 조사와 분석을 해야 하는데 이런 경우에는 상대방이 납득할 만한 합리적인 추론이 반영돼야 한다. 만약 사업 계획서의 각종 지표를 실수로 잘못 넣었다면 바보가 될 것이고, 의도적으로 잘못 넣었다면 사기꾼이 될 것이다.

논리성

논리는 말이나 글의 사고와 내용을 이치에 맞게 이끌어 가는 과정이나 원리다. 사업 계획서에 들어가는 모든 텍스트는 전체적으로 짜임새 있고 이치에 맞아야 하며 논리성을 갖고 있어야 한다. 우리의 서비스가 고객의 페인 포인트를 해결할 것이라는 논리, 고객이 우리의 제품을 구매할 것이라는 논리, 결국 우리의 사업이 잘될 것이라는 논리 등을 중심축으로 거기에 각종 근거, 데이터, 추론 같은 뼈와 살을 붙이면 설득력 있는 사업 계획서가 된다. 전체 흐름이나 텍스트가 논리적이지 않다면 좋은 사업 계획서가 아니라 소설에 가까워질 것이다.

목적 부합성

사업 계획서는 목적에 부합하도록 TPO$^{\text{Time, Place, Occasion: 시간, 장소, 상황}}$에 맞게 작성해야 한다. 사업 계획서를 작성하는 목적은 투자 유치, 회사 소개, 기술 평가, 입찰 제안, 제휴 제안 등으로 다양하고 그 목적에 맞게 형식이나 내용이 달라져야 한다.

대표적인 예로 투자 유치를 위한 사업 계획서를 들 수 있다. 투자 유치용 사업 계획서는 보통 IR 덱Investor Relation Deck이라고 표현하는데 스타트업의 투자 유치에 매우 중요한 역할을 한다. 투자 유치를 위한 사업 계획서는 데이터와 사실에 기반을 두고 회사의 성장성, 수익성, 경쟁력, 지속 가능성 등을 간단명료하게 작성해야 한다.

이 밖에 투자 주체에 따른 사업 계획서 주요 내용은 표를 참고하기 바란다.

정부 정책 자금 지원	각 정책 자금 기준, 형식에 맞게 작성 과제에 대한 충분한 이해 고용 창출 효과, 사회적 기여도 중요 과제 수행을 위한 투입 인력, 시간, 비용
엔젤 투자자 & 액셀러레이터	제품과 서비스의 차별성 시장의 존재 여부 및 생존 가능성 주요 마일스톤 달성 가능성 창업 팀의 우수성
벤처 캐피털	시장과 사업의 성장성 기술의 혁신성과 사업의 수익성 투명한 재무 구조와 합리적인 지분 구조 투자 회수 가능성과 시기(M&A, IPO) 해외 진출 가능성
전략적 투자자	모기업과의 사업 시너지 전략적 제휴 가능성 시장 지배력 강화 스타트업의 혁신적인 기술 확보 모기업의 지원을 통해 시장 확대와 혁신 가속화

예비 창업자나 초기 스타트업은 시장의 존재 가능성, 초기 진입 장벽 또는 극복 가능성, 창업자 및 창업 팀의 우수성 등을 어필해야 한다. 어느 정도 성장했거나 성

숙기에 접어든 스타트업은 수익성, 매출, 영업 이익, 재무 건전성, IPO 가능성, 글로벌 진출 가능성, 투자금 회수 가능성 등에 대한 자료가 포함돼야 한다.

투자 유치를 위한
사업 계획서

투자 유치를 위한 사업 계획서를 일반적으로 'IR 덱'이라고 하는데 정해진 규칙이 없이 형식이 다양하다. 투자 회사마다 선호하는 스타일도 제각각이라 투자 협상이 진행되면서 지속적으로 보완해야 한다. 형식과 내용이 다양하지만 모든 IR 덱에 꼭 들어가야 하는 주요 목차와 핵심 내용을 정리했다.

제품 / 서비스

고객이 왜 우리의 제품이나 서비스를 구매해야 하는지, 고객의 페인 포인트를 어떻게 해결하는지에 대해 설명해야 한다. 우리 서비스만의 매력적이고 명확한 고객 가치 창출 전략, 경쟁사 대비 차별화 요소, 충분한 혁신과 기술력이 있다는 것을 보여 줘야 한다. 서비스를 소개할 때 우리의 서비스를 가장 잘 나타내는 강렬한 한 줄 카피가 있으면 정말 좋다. 예를 들어 이런 슬로건들이다.

금융을 쉽고 편하게 '토스'

방 구할 땐 '직방'

퀄리티 있게 새벽배송 '마켓컬리'

프리랜서 마켓 넘버 원 '크몽'

시장 및 경쟁 상황

진입하고자 하는 시장의 규모가 적절한지, 목표 시장은 어디이고 그 시장이 성장하고 있는지 분석해야 한다. 시장 규모가 크다면 그중에 우리가 시장 점유율을 얼마나 가져올 수 있을지, 시장 규모가 작다면 우리가 압도적으로 1위를 해서 시장을 독식할 수 있는지 등에 대한 분석도 필요하다.

전체 시장$^{\text{TAM, Total Addressable Market}}$은 우리 제품 / 서비스와 카테고리 영역을 포함하는 비즈니스 도메인의 전체 크기다. 유효 시장$^{\text{SAM, Service Available Market}}$은 전체 시장 중에서 스타트업이 추구하는 비즈니스 모델이 차지하는 비중이다. 수익 시장$^{\text{SOM, Service Obtainable Market}}$은 유효 시장 내에서 초기 단계에 확보가 가능한 시장 규모다.

예를 들어 4,000만 명 중 모바일을 통해 부동산 정보를 보는 앱 사용자 1,000만 명이 유효 시장에 속하고 모바일 부동산 앱 사용자의 2030 세대 중 1인 가구가 수익 시장에 포함된다.

요즘에는 노인 관련 시장이나 펫 관련 시장처럼 점점 커지는 산업이 좀 더 매력적이고 점점 줄어들고 있는 키즈 관련 시장은 상대적으로 덜 매력적으로 보일 수 있다. 최근에는 4차 산업 혁명으로 인해 빅 데이터, 인공 지능, 자율 주행, VR$^{\text{가상 현실}}$, AR$^{\text{증강 현실}}$ 관련 시장이 급속도로 성장하고 있으니 참고하길 바란다.

또한 국내외의 경쟁사 분석을 통해 경쟁 상황이 어떤지, 우리가 경쟁사들을 이길 수 있는 이유를 논리적으로 설명해야 한다. 경쟁사가 어느 정도 있다는 것은 그만큼 시장 규모가 충분히 존재한다는 뜻이니 경쟁사가 많다고 너무 염려할 필요는 없다. 다만 우리는 경쟁자들이 못하는 영역을 파고들어 가서 시장에 침투해 점진적으로 확대하겠다는 전략을 보여 줘야 한다.

경쟁자는 국내뿐만 아니라 해외 사례도 분석해야 한다. 글로벌 리더들의 성과나 투자 유치 금액, 장단점, 국내 진출 가능성 등에 대해 언급하면 그만큼 고민을 많이 하는 것으로 보여서 신뢰도가 상승한다. 혹시라도 경쟁자가 없다고 하는 것은 위험하다. 경쟁자가 없다는 뜻은 그만큼 시장 규모가 매력적이지 않거나 유의미한 매출이 발생하기 어려움을 방증하기도 한다.

비즈니스 모델과 비즈니스 시스템

비즈니스 모델은 앞서 이야기한 대로 제품이나 서비스를 어떻게 만들어서 유통하고 어떻게 돈을 벌 것인지에 관한 내용을 정리해야 한다. 하나의 도식 또는 이미지로 표현할 수 있으면 좋다. 특히 수익 모델이 중요한데 돈의 흐름이나 결제 방식, 세금 계산서 발행 방식, 부가세 여부 등을 상세하게 정리하면 좋다. 생산 구조, 수익 구조, 비용 구조, 유통 구조, 결제 구조 등 종합적인 비즈니스 시스템에 대해 많이 고민하고 최대한 구체적으로 정리하는 것이 중요하다.

기회와 위험

우리가 자주 접하는 SWOT 분석은 기업의 강점Strength, 약점Weakness, 기회Opportunity, 위협Threat의 머리글자를 모아 만든 단어다. 이 중 강점은 대부분 제품이나 서비스를 소개하는 목차에 해당이 될 것이고 약점은 굳이 이야기할 필요가 없다. 다만 시장, 경쟁, 기술, 사회적 흐름 등에서 기회가 되는 요인과 사업에 따른 기본적인 리스크 외에 정부의 규제, 대기업의 진출 가능성, 핵심 인력 이탈 등에 대한 리스크를 정리하고 이를 해소할 방안을 도출해야 한다. 투자 회사에서 자주 물어보는 질문 중의 하나가 '대기업 또는 네이버 같은 회사들이 이 시장에 들어오면 어떻게 할 것인가? 그런 위기가 오면 어떻게 대처할 것인가?'다. 이런 예상 질문에 미리 답변을 정리하고 대비해야 한다.

마케팅

마케팅원론에 나오는 4P 분석Product, Price, Place, Promotion: 상품, 가격, 판매 장소, 홍보, STP 전략Segmentation, Targeting, Positioning: 시장 세분화, 표적 시장 설정, 소비자 인식 등과 더불어 CACCustomer

Acquisition Cost: 1명의 고객을 획득하는 데 드는 비용, LTV^{Life Time Value: 고객이 유입되어 이탈할 때까지 발생시키는 매출}, ROAS^{Return on AD Spending: 광고비 대비 매출} 등의 지표가 더욱 중요해졌다. 또한 데이터에 집중하여 성장 전략을 만들어 내는 그로스 해킹^{Growth Hacking}에 대한 내용이 들어가면 더 좋다.

쉽게 정리하면 1명의 고객을 유입시킬 때 얼마가 들고, 그 1명의 고객이 얼마를 쓰는지에 대한 비교가 필요하다. 예를 들어 고객 1명당 CAC가 1,000원인데 LTV가 1만 원이라면 마케팅을 추가로 집행해도 된다. 하지만 LTV가 1,000원 미만이라면 의도된 적자가 아닌 경우에는 마케팅을 집행할수록 마이너스가 커지는 상황이니 비즈니스 전략과 마케팅 계획을 진지하게 다시 고민해야 한다.

실행 일정

실행 일정은 향후 1년에서 길게는 3년 정도의 주요 과제, 성과, 목표, 투자 일정, 채용 일정 등을 정리한 것이다. 비슷한 용어로 마일스톤^{Milestone}, 로드맵^{Roadmap}, 타임 라인^{Time Line} 등이 사용된다. 많은 스타트업이 분기 단위로 러프하게 정리하는데 주 단위면 좋고 힘들다면 최소 월 단위의 주요 개발 일정, 론칭 계획, 핵심 인력 채용 계획, 주요 플레이어와의 제휴 계획 등을 언급하면 좋다. 투자자들을 설득하기 위해 실행 일정을 너무 무리하게 잡는 경우가 많은데 나중에 약속을 지키지 못하는 것보다는 조금 현실적이고 달성 가능한 일정을 짜는 것이 좋다.

재무 계획

과거 데이터는 물론이고 최소 3년간의 예상 매출과 비용, BEP^{Break Even Point: 손익 분기점} 시점을 언급해야 한다. 필요 시 현금 흐름표, 손익 계산서, 대차 대조표를 보여 줘야 하므로 미리 준비해 두면 좋다. 회사의 상황이나 성장 단계별로 다르겠지만 예비 창업자나 초기 스타트업들은 아직 재무제표에 대한 디테일한 자료가 준비되지 않았기 때문에 주요 매출과 비용(인건비, 임대료 등 판관비)을 간단한 표로 만들면 된다.

다행히 월에 쓰는 비용보다 버는 비용이 많다면 '우리는 투자가 안 되거나 지연돼도 버틸 수 있다'는 자신감을 본의 아니게 어필하게 된다. 물론 스타트업 대부분이 의도된 적자도 많고 버는 돈보다 쓰는 돈이 많기 때문에 지금이 아니라 언제부터 의미 있는 매출이 발생하고, 언제부터 영업과 마케팅 활동을 강화할 것이고, 그렇게 하면 언제 손익 분기점을 넘을 수 있는지 2~3년 정도의 흐름을 보여 주면 좋다.

투자 유치 금액과 사용처

이번 라운드에서 투자받고 싶은 금액과 투자금을 어디에 사용할지 구체적인 목적을 정리해야 한다. 일반적으로 지분의 희석을 감안해 회사의 기업 가치 대비 10%에서 많으면 20% 정도의 투자를 받는다.

만약 10억 원을 투자받으려면 회사의 가치가 최소 50억 원에서 100억 원 정도 된다는 암묵적인 합의가 있어야 한다. 마찬가지로 예비 창업자나 초기 스타트업이 3억원 내외의 투자를 받는다는 것은 회사 가치를 15억 원에서 30억 원으로 산정한다는 것인데 아무런 성과도 없이 아이템과 사람만 있는 팀이라는 점을 감안하면 그리 적은 돈이 아닐 수 있다. 따라서 투자를 받으려는 금액은 회사의 가치와 지분 희석을 고려하며 적정한 선에서 결정해야 한다. 자세한 내용은 뒤에 밸류에이션 부분을 참고하길 바란다.

투자 금액 사용처는 가급적 상세하게 알려 주는 것이 좋다. 많은 스타트업에서 인건비와 마케팅비 정도로 간단하게 정리하는데 돈을 주는 입장에서는 매우 불편하다. 특히 마케팅의 경우 효과가 입증되지 않은 상태에서 진행하면 건물 옥상에서 돈을 뿌리는 것처럼 낭비가 될 수 있어서 투자자들이 우려를 많이 한다. 따라서 마케팅 비용을 많이 잡아야 한다면 그동안의 마케팅 효과를 언급하면서 검증은 끝났고 이제는 돈을 쓰기만 하면 그 이상의 성과를 낼 수 있다는 것을 데이터로 보여 줘야 한다.

항목	세부 항목	금액
인건비	C 레벨 영입	5억 원
	개발 인력 채용	5억 원
마케팅	SNS 마케팅	10억 원
	버스 광고	5억 원
기타	예비비	5억 원
합계		30억 원

투자금 사용 계획 예시

창업 팀

창업자와 공동 창업자의 경력, 경험, 배경, 전문성 등 이 사업을 잘할 수 있는 이유를 정리해야 한다. 또한 공동 창업자끼리의 R&R, 지분 구조 등도 명시하면 좋다. 계속 강조하지만 예비 창업자나 초기 스타트업에서는 창업 아이템만큼 창업자와 공동 창업자, 팀 구성원이 중요하다. 창업자의 경력, 약력 등을 최대한 상세하게 기술하고 우리가 왜 이 일을 잘할 수밖에 없는지, 우리가 왜 대한민국 최고인지 알려주면 좋다. 필요하다면 공동 창업자뿐만 아니라 주요 직원들의 커리어도 넣자. 다만 '어벤저스'라는 표현은 하지 말고 전공, 경력, 경험 등을 충분하게 어필해 '이 팀은 정말 대단한 사람들이 모였구나'라고 생각할 수 있도록 하자.

사업 계획서
작성 팁

이번 장에서는 사업 계획서를 작성하는 데 도움이 될 노하우를 알려드리고자 한다. 앞서 이야기한대로 목적과 상황에 맞게 팁을 잘 활용하여 좋은 사업 계획서를 만들길 바란다.

- 좋은 사업 계획서는 논리와 근거를 바탕으로 하되 설득과 공감이 돼야 한다. 흔히 하는 이야기로 '클래식하면서도 모던해야' 하는데 우리는 그 어려운 걸 해내야 한다.
- 사업 계획서 작성은 제출용(이메일)과 발표용(피칭)이 달라야 한다. 제출용 문서에는 다양한 데이터와 분석 자료가 작은 글씨로 디테일하게 들어가도 좋지만,

발표용에는 발표 시간에 맞게 핵심 내용 위주로 스토리텔링이 되도록 작성해야 한다. 특히 먼 거리에서도 보일 수 있게 조금 큰 글씨체(20포인트 이상)를 사용하는 것이 좋다.

- 투자자들은 늘 새로운 시장과 새로운 기술에 관심이 많고 그런 영역에서 선도적 기업이 될 스타트업에 투자하고자 한다. 따라서 투자자들이 관심을 가질 만한 시장이나 기술에 대한 정보를 제공해 주는 것이 좋다.

- 논리와 합리성을 바탕으로 지속적인 '오케이'를 이끌어내자. 우리가 결국 맨 마지막에 들어야 하는 말도 투자에 대한 오케이다. 매 장표마다 오케이를 끌어 내다 보면 마지막에도 오케이가 될 가능성이 높아진다. 아이템이 좋고, 시장이 좋고, 창업 팀이 좋다는 점에 오케이 되면 투자 가능성이 높아지는 것이다.

- 직접 설명을 못 하고 사업 계획서부터 전달하는 경우가 많기 때문에 전문 용어를 지나치게 사용하거나 기술 중심으로 어렵게 작성하는 것은 좋지 않다. 그래서 실제 업계에서 '중학생이 사업 계획서를 봐도 이해할 수 있는 수준으로 작성하라'는 말도 한다.

- 투자자가 창업자보다 더 똑똑하고 경험이 많고 사업에 대한 이해도가 높다고 가정하고 작성해야 한다. 특히 특정 산업이나 시장에 대한 분석은 투자자가 훨씬 뛰어날 수 있으므로 제대로 공부해야 한다. 투자자의 전문성을 무시하거나 가르치려는 태도는 좋지 않다.

- 어렵지만 투자자가 사업 계획서를 보고 창업자를 만나고 싶게 만들어야 한다. 결국은 아이템, 창업 팀, 시장성, 성장성 등 콘텐츠가 우수해야만 한다.

- 가능하다면 발표자가 직접 만들자. 발표자는 아마 대부분 창업자일 것이다. 다른 사람이 만들어 준 자료로 발표하면 내용을 100% 이해하지 못해서 발표를

제대로 못 할 수도 있다. 문서 디자인은 잘하는 다른 직원이 하더라도 전체 내용은 창업자가 직접 만드는 것이 좋다.

- 모든 데이터와 이미지, 도표 등은 출처를 밝히고 근거 없는 개인적인 생각은 배제하자. 특히 사실^{Fact}과 의견^{Opinion}을 혼동하지 말아야 한다.
- 스티브 잡스를 따라 하려고 검은색 바탕에 흰색 글씨로 작성하는 경우가 많은데 발표용으로는 좋으나 제출용이나 출력용으로는 좋지 않다.
- 국영문 오타, 띄어쓰기, 한글 파괴 등은 당신의 지적 수준에 대한 신뢰도를 급격하게 떨어트린다.
- 구할 수 있다면 시리즈 A$^{Series\ A}$ 이상의 투자를 받은 업체의 사업 계획서를 입수하여 공부하고 벤치마킹하는 것이 가장 좋다. 그렇다고 그대로 캡처를 한다거나 똑같이 베끼는 것은 금물이다.

항목	세부 항목
일반 현황	기본 정보: 대표자, 아이템명 등 일반 현황 및 제품(서비스) 개요 세부 정보: 신청 분야, 기술 분야, 신청자 세부 정보 기재
창업 아이템 개요(요약)	창업 아이템 소개, 차별성, 개발 경과, 국내외 목표 시장, 창업 아이템 이미지 등을 요약하여 기재
1. 문제 인식 (Problem)	1-1. 창업 아이템의 개발 동기 창업 아이템의 부재로 불편한 점, 국내외 시장(사회 경제 기술)의 문제점을 혁신적으로 해결하기 위한 방안 등을 기재
	1-2. 창업 아이템의 목적 창업 아이템을 구현하고자 하는 목적, 국내외 시장(사회 경제 기술)의 문제점을 혁신적으로 해결하기 위한 방안 등을 기재
2. 실현 가능성 (Solution)	2-1. 창업 아이템의 개발·사업화 전략 비즈니스 모델(BM), 제품(서비스) 구현 정도, 제작 소요 기간 및 제작 방법(자체, 외주), 추진 일정 등을 기재

	2-2. 창업 아이템의 시장 분석 및 경쟁력 확보 방안
	기능·효율·성분·디자인·스타일 등의 측면에서 현재 시장에서의 대체재(경쟁사) 대비 우위 요소, 차별화 전략 등을 기재
3. 성장 전략 (Scale-up)	3-1. 자금 소요 및 조달 계획
	자금의 필요성, 금액의 적정성 여부를 판단할 수 있도록 사업비(사업화 자금)의 사용 계획 등을 기재
	3-2. 시장 진입 및 성과 창출 전략
	내수 시장: 주 소비자층, 시장 진출 전략, 그간 실적 등
	해외 시장: 글로벌 진출 실적, 역량, 수출망 확보 계획 등
4. 팀 구성 (Team)	4-1. 대표자 및 팀원의 보유 역량
	대표자 및 팀원(업무 파트너 포함) 보유하고 있는 경험, 기술력, 노하우 등 기재

정부 지원 사업 예비창업패키지 사업 계획서 작성 목차

어쨌든 살아남아야 기회를 잡을 수 있다

나는 2014년에 스타트업 월드에 입성해 운이 좋게도 실력 있는 공동 창업자와 직원들을 만나 지금까지 잘 버틸 수 있었다. 2015년 첫 투자 유치가 됐을 때 부둥켜안고 기뻐한 적도 있고 2018년 말에는 시리즈 A 단계의 투자 유치가 적시에 되지 않아 직원 40여 명 중 절반을 내보내야만 했던 뼈아픈 추억도 있다. 다행히도 지금은 매출도 발생하고 추가 투자 유치가 되어 좀 더 안정적인 구조에서 회사를 운영할 수 있게 됐다. 아직 큰 성공을 한 것은 아니지만 지금까지 생존해 있다는 것 자체가 놀라울 때도 있다.

중소 벤처 기업부의 자료에 따르면 국내 기업의 창업 5년 후 생존율이 28.5%다. 이는 OECD 주요국의 평균 41.7%에 훨씬 못 미치는 수준이다. 10년 생존율은 8%로

처참한 수준이다.

톨스토이가 쓴《안나 카레니나》는 "행복한 가정은 모두 비슷한 이유가 있지만, 불행한 가정은 저마다의 이유가 있다"라는 문장으로 이야기를 시작한다. 이 구절을 스타트업 사정에 맞게 조금 바꿔 볼 수 있겠다.

'잘되는 기업은 모두 비슷한 이유가 있지만, 안 되는 기업은 저마다의 이유가 있다.'

공동 창업자 간의 불화, 잘못된 사업 아이템 선정과 명확하지 않은 비즈니스 모델, 자금 조달의 어려움 등의 이유로 많은 기업이 오늘도 쓰러져 간다. 정말로 안타까운 일이 아닐 수 없다.

스타트업 용어에 데스밸리Death Valley라는 단어가 있다. 창업 이후 자금 조달 및 시장 진입 등의 어려움으로 인해 도산 위기에 빠지게 되는 현상을 말한다. 대부분의 스타트업이 창업 후 3~5년 차에 접어들면 매출 부진과 투자 금액 고갈 등으로 성장 정체기에 들어서며 이 기간 70%의 기업이 사라지게 된다. 한국의 데스밸리 생존율은 OECD 17개 주요 회원국 중에서도 최하위 수준이다. 얼마나 힘든 시간이면 죽음의 계곡이라고까지 표현할까?

과거에 대기업 중심으로 '지속 가능 경영'이라는 말이 유행한 적이 있다. 지속 가능 경영이란 기업이 경제적, 환경적, 사회적 이슈들을 종합적으로 균형 있게 고려하면서 기업의 지속 가능성을 추구하는 경영 활동을 말한다. 다시 말해 기업들이 전통적으로 중요하게 생각했던 매출과 이익 등 재무적인 성과뿐만 아니라 윤리, 환경, 사회 문제 등 비재무적 성과도 함께 고려하는 경영을 통해 기업의 가치를 지속적으로 향상시키려는 경영 기법이다.

스타트업에 지속 가능 경영을 도입하기에는 아직 사치일 수 있다. 대신 작은 기업에는 '생존 가능 경영'이라는 인식이 필요하다. 여기에서 말하는 생존의 개념은 월 매출이 판관비(판매 관리비: 인건비, 임대료, 광고 선전비 등)를 포함한 월 비용을 초과하거나 월 비용과 비슷하여 외부 자금의 차입이나 투자 유치 없이도 회사를 유지하고 버틸 수 있는 수준을 의미한다. 당연한 이야기지만 매출보다 비용이 크다면 어떤 방법으로든 비용을 줄이거나 매출을 늘려야 한다.

생존 가능 경영이 안 되면 데스밸리를 통과하기도 어렵고 임계점을 넘어 폭발적 성장을 할 때까지 버티기도 어렵다. 생존 가능 경영이 돼야 좋은 인재를 확보할 수 있고 직원들에게 제때 급여를 줄 수 있으며 그래야만 직원들의 가족이 안정적으로 살 수 있다. 생존 가능 경영이 돼야 조급하지 않게 합리적인 의사 결정을 할 수 있고 미래를 꿈꿀 수 있으며 잘못된 유혹에 흔들리지 않고 투명한 회사를 만들어 갈 수가 있다.

특히 요즘같이 많은 기업이 힘들어하는 상황에서 생존을 위한 노력은 그 어느 때보다 중요하다. 과거 아이템만 좋으면 정부 지원금을 받고 매출이 없어도 투자를 받던 호시절은 끝났다. '앱 다운로드만 많이 되면 언젠가는 광고로 매출이 발생하겠지'라는 막연한 생각도 위험하다. 생존을 위해 가능한 한 빨리 매출을 만들 수익 모델을 장착해야 한다. 아무리 힘들어도 어떻게든 살아 있어야 기회가 왔을 때 잡을 수 있으므로 바퀴벌레와 같은 생존력을 갖고 버텨야 한다. 성장도 좋지만 지금은 생존 자체가 지상 최대의 과제인 시대다.

웹툰과 드라마로 인기를 끈 〈이태원 클라쓰〉에서 주인공인 박새로이의 아버지가 이런 말을 한다.

"인생은 살아만 있다면 뭐든 별거 아니야."

살아 있자. 살아남자. 살아 있어야 기회가 왔을 때 잡을 수 있다.

바닷물을
끓이지 말자

어려서부터 다른 사람을 보면 잘 도와주던 창업자 H씨는 전 세계 기아 문제에 관심이 많다. 2020년 7월 13일 유엔이 발간한 〈세계 식량 안보 및 영양 상태〉 보고서에 따르면 지난해 굶주린 사람의 수는 세계 인구의 9%에 가까운 6억 8,000만 명이다.

H씨는 점점 심각해지는 기아 문제를 본인이 스마트팜Smartfarm: 지능형 농장 기술로 해결해 보고자 창업을 했다. 스마트팜은 정보 통신 기술을 활용해 시간과 공간의 제약 없이 원격으로 작물의 생육 환경을 관측하고 최적의 상태로 관리하는 과학 기반의 농업 방식이다. 농산물의 생산량 증가는 물론, 노동 시간 감소를 통해 농업 환경을 획기적으로 개선한다. 빅 데이터 기술과 결합해 최적화된 생산과 관리의 의사 결정이 가능하다. 최적화된 생육 환경을 제공해 수확 시기와 수확량을 예측할 뿐만 아니라 품질과

생산량을 한층 더 높일 수 있다.

시작은 좋았다. 회사의 비전이나 창업 동기도 좋았고 창업 팀도 우수했다. 문제는 창업 6개월 차에 자금이 거의 소진되어 월급이 나가기 힘든 상황이 됐다. '좋은 취지로 사업을 했으니 주변에서 도와주지 않을까?' 하는 마음으로 지인들부터 시작해서 투자 회사까지 여기저기 알아봤지만 대부분 뜻이 좋은 건 알겠지만 투자금을 회수하기 힘들어 보여 투자하기 어렵다는 반응이다.

'보일 더 오션Boil the Ocean'이라는 비즈니스 용어가 있다. 직역하면 '바닷물을 끓이다'라는 말인데 '불가능한 일을 하려는 것'을 뜻한다. 중요한 것은 불가능한 일을 해내는 것이 아니라 '하려고 한다'는 것이다. 너무 범위가 넓고, 비현실적이거나 실현 불가능한 업무를 빗대어 많이 사용된다.

이 용어는 스타트업 월드에서도 많이 사용된다. 기술력이나 자본력이 부족한 작은 스타트업이 전 세계의 환경 문제를 해결하겠다거나, 기아 난민 문제를 해결하겠다거나, 아니면 이미 글로벌 기업들이 선점한 분야에 뛰어들어 불가능해 보이는 사업을 하려고 할 때 많이 쓰인다.

우리나라에도 사회적 기업이 점점 많이 늘어나고 있다. 사회적기업 육성법 제2조 제1호에 따르면 사회적 기업이란 취약 계층에게 사회 서비스 또는 일자리를 제공하거나 지역 사회에 공헌하는 회사를 말한다. 또한 사회적 목적을 추구하면서 재화 및 서비스의 생산 및 판매 등 영업 활동을 하는 기업으로서 인증받은 기업을 말한다. 사회적 기업이 늘어남과 동시에 재무 수익과 함께 예측 가능한 사회 또는 환경 문제 해결을 목적으로 하는 기업이나 단체에 투자하는 임팩트 투자Impact Investing 역시 증가하고 있다.

비단 법률로 정한 사회적 기업이 아니더라도 다양한 사회적 문제를 해결하고자 하는 스타트업이 많아지는 것은 우리 사회가 점점 더 성숙해지는 바람직한 방향이라고 생각한다. 이런 창업자들이 많아질수록 우리의 삶이 윤택해지고 살기 좋은 사회가 될 것이다.

문제는 사회적 가치를 추구하는 다수의 기업이 마땅한 수익 모델 없이, 매출은 더더욱 없이 창업자의 개인 자금이나 정부 지원금으로 힘들게 유지하고 있다는 것이다. 그렇다 보니 직원을 채용하기도 어렵고 채용한 직원들에게 월급을 제때 주기는 더욱 어렵다. 뜻은 좋으나 현실은 악순환의 반복이다.

요즘같이 구직난이 심각하고 정리 해고가 많아지는 때, 최고의 사회적 가치는 직원을 채용하고 그들에게 제때 꼬박꼬박 약속된 급여를 주는 것이라고 생각한다. 그래야 직원들을 포함해 그들의 가족들까지 안정적인 삶을 유지할 수 있고 그 토대 위에서 개인의 삶을 설계할 수 있다.

투자자들도 거창하고 원대하지만 불가능한 목표를 꿈꾸는 스타트업, 사회적 가치는 있지만 생존 가능 경영이 안 되는 기업에 투자하기를 꺼린다. 작은 스타트업이 바닷물을 끓이려다가 본인부터 말라 죽을 확률이 높기 때문이다. 작은 영역, 작은 문제라도 우리가 해결과 실행이 가능한 목표를 세워 차근차근 힘을 키우자. 전 세계를 구하겠다는 원대한 목표는 힘과 자본력을 갖춘 뒤에 시작해도 늦지 않다. 지금은 사회적 가치를 실현하는 것보다 우선 회사를 살리고, 직원을 채용하고, 그들에게 급여를 제때 잘 주는 것부터 시작하자. 그것이 진정한 사회적 가치다.

성과를
관리하는 방법

경영진: 이번 달 예상 매출이 얼마인가요?

A 팀장: 정확하게는 모르겠지만 지난달보다 많이 오를 것 같습니다.

B 팀장: 예상 매출이 12억 8,000만 원으로 지난달 대비^{MoM, Month of Month} 20% 상승, 작

년 동기 대비^{YoY, Year of Year} 62% 상승한 수치로 마감될 것으로 예상합니다.

경영진: 이번 고객 만족도 조사 결과가 어떻게 나왔나요?

A 팀장: 대부분의 고객이 좋게 평가해 주셨습니다. 다들 만족하는 분위기입니다.

B 팀장: 5점 만점에 평균 4.6점으로 지난번 고객 만족도 조사 결과 대비 12% 상승한

수치입니다. 최댓값은 4.9점 최솟값은 3.6점으로 4점 이하의 고객들에게는

어떤 부분에서 불만족하셨는지 다시 연락드려 조사할 예정입니다.

어떤 팀장이 회사의 상황을 잘 알고 있고 경영진이 올바른 의사 결정을 할 수 있도록 보고했을까?

경영학의 대가 피터 드러커는 "측정할 수 없다면 관리할 수 없다"라고 했다. 다시 말해 정량적 데이터의 측정과 분석을 통해 직원과 업무를 관리하고 의사 결정을 해야 한다는 말이다. 검증된 데이터를 중심으로 회사를 관리하고 의사 결정을 해야만 실패를 최소화할 수 있고 논리적인 성장의 기반을 만들 수 있다. 물론 스타트업 초기나 신규 사업을 시작할 때처럼 의사 결정을 하기에 데이터가 현저하게 부족하거나 거의 없기도 하다. 이런 경우에는 보편타당한 합리적인 가설에 약간의 직관을 조미료로 더하여 결정하고 빠르게 실행하면서 가설 검증을 해야 한다.

간혹 직장 생활을 꽤 오래 하고 창업한 사람들이 과거의 경험이나 직감 또는 검증되지 않은 가설 등을 바탕으로 회사를 운영하는 경우가 있는데 이는 매우 위험한 방법이다. 특히 과거에 성공 경험이 있는 사람들이 '나 때는 말이야'라면서 과거의 방식을 적용하려는 경우를 매우 조심해야 한다. 시대가 바뀌고 고객이 바뀌면서 성공 방정식도 달라지기 때문이다. 가설에 가설을 더하면 소설이 된다. 목표가 소설가가 아니라 성공적인 스타트업의 창업자라면 지양하자.

다양한 지표 중에서 회사의 명운을 좌우할 만한 가장 중요한 데이터를 핵심 지표 또는 KPI^{Key Performance Indicator: 핵심 성과 지표}라고 한다. KPI는 사업의 진행 상황이나 성장 속도를 알 수 있는 가장 중요한 지표가 되며 회사의 상황이나 성장 단계별로 바뀔 수 있다.

예를 들어 앱을 만드는 경우 창업 초기에는 다운로드나 회원 가입이 가장 중요한 지표였다면 그다음에는 실제 사용자 수나 이탈률이 중요해지고 결국에는 매출이나 영업 이익, 당기 순이익 같은 재무적인 지표가 중요해질 수 있다.

KPI를 수립하기 위해서는 사전에 조직별로 직원들과 협의하여 어떤 지표가 중요한지, 어떤 지표를 관리하고 끌어올려야 조직과 회사가 성장하는지 명확하게 정리해야 한다. 경영진이 KPI를 정하여 직원들에게 알려 주는 경우가 많은데 이렇게 내려온 지표는 공감대가 부족하고 현장의 상황이나 각각의 업무 프로세스를 반영하기가 어렵다. KPI는 단순하게 조직별로 목표를 할당하는 것이 아니라 회사 전체의 방향에 맞도록 설계해야 하며 모든 조직 단위의 KPI가 그 방향성에 부합하도록 얼라인align 돼야 한다.

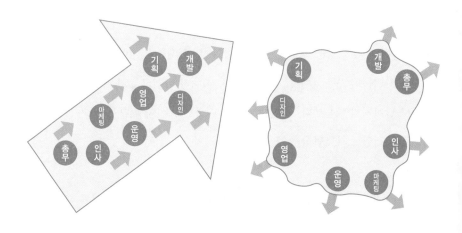

회사의 KPI가 명확하고 구체적으로 수립돼 있지 않으면 부서마다, 직원마다 목표를 다르게 두고 일하게 된다. 모든 조직과 직원이 한 방향을 바라보고 뛰어도 될

까 말까 하는데 조직마다 개인마다 다른 방향을 바라보고 뛴다면 어떻게 될까? 힘이 분산되고 시간이 오래 걸리며 비용이 증가할 수밖에 없다. 직원 모두가 매일 야근도 하면서 열심히 하는 것 같은데 기대한 성과가 나오지 않고 성장이 느리다면 KPI가 제대로 수립돼 있고 잘 관리되고 있는지, 조직의 목표와 리소스가 잘 매칭되는지 점검해 보길 바란다.

산업마다 회사마다 다르겠지만 IT 기반의 스타트업이 많이 사용하는 KPI에는 다음과 같은 지표가 있으니 참고하길 바란다.

웹 서비스

- PV$^{Page\ View}$: 접속 인원에 상관없이 해당 페이지를 본 횟수
- UV$^{Unique\ Visitor}$: IP를 기준으로 1일 순 방문자 수
- LV$^{Login\ Visitor}$: 로그인한 방문자 수
- TTS$^{Total\ Time\ Spent}$: 총 체류 시간
- DT$^{Duration\ Time}$: 체류 시간
- Query^{쿼리}: 검색 조회 수
- 신규 방문자 수 / 재방문자 수
- 랜딩 페이지 이탈률
- 트래픽 유입 채널별 분석

애플리케이션 서비스

- 다운로드 수 / 유저 수 / 가입자 수 / 기간별 가입 증가율 / 기간별 이탈률

- MAU^{Monthly Active User}: 월별 실제 사용자 수

- DAU^{Daily Active User}: 일별 실제 사용자 수

- LTV^{Life Time Value}: 고객 생애 가치

- CAC^{Customer Acquisition Cost}: 1명의 고객을 유입시키는 데 드는 비용

- AARRR^{Acquisition, Activation, Retention, Revenue, Referral}: 획득, 활성화, 재사용, 매출 발생, 추천

이 커머스

- 고객 수^{기존 고객 수 / 신규 고객 수}

- 구매자 수 / 구매 전환율

- 재구매 고객 수 / 재구매율

- 매출액^(일, 주, 월, 분기, 연), 고객당 매출액

- 총판매량 / 평균 주문량

- ARPPU^{Average Revenue Per Paid User}: 결제한 고객당 매출액

- 거래 횟수 / 장바구니 담는 비율 / 장바구니 결제 이탈률

성장 관점

- YoY^{Year of Year}: 전년 동기 대비

- QoQ^{Quarter of Quarter}: 전 분기 대비

- MoM^{Month of Month}: 전월 대비

4.

Start-up Fund-raising

스타트업
투자 유치 전략

세상은 당신이 어떻게 생각하든 상관하지 않는다.
세상이 당신에게 기대하는 것은 당신 스스로 만족한다고 느끼기 전에 무엇
인가를 성취해서 보여 주는 것이다.

_빌 게이츠

스타트업의 투자 유치,
험난한 여정의 시작

'쿠팡' 4조 2,286억 원+ 투자 유치

'마켓컬리' 4,000억 원+ 투자 유치

'토스' 5,030억 원+ 투자 유치

'쏘카' 3,040억 원+ 투자 유치

'직방' 2,265억 원+ 투자 유치

'뱅크샐러드' 619억 원+ 투자 유치

'당근마켓' 470억 원+ 투자 유치

뉴스를 보면 이런 기사들이 심심치 않게 보인다. 대한민국 국민이라면 누구나 알 만한, 이제는 스타트업이라고 하기에는 너무 커 버린 이런 기업들은 물론 오늘도 많은 기업이 투자를 받고 있다.

'벤처스퀘어'나 '플래텀' 같은 스타트업 관련 매체를 보면 매일 투자 유치 관련 소식이라서 나만 빼고 다 투자받는 것 같지만 전체 기업 수 대비로 봤을 때 매우 극소수에 불과하다. 그만큼 스타트업의 투자 유치 작업은 매우 어렵고 험난한 여정이며 아무나 할 수 있는 일이 아니다. 크든 작든 한 번이라도 남의 돈으로 투자 유치를 해 본 사람들은 알겠지만 살면서 경험해 본 일 중에 가장 어려운 일이자 가장 가치 있는 일일 것이다. 일정 수준 이상 또는 계획대로 성과가 나오는 스타트업 자체가 드물고 성과가 나온다고 해서 모두 투자를 받는 것은 아니기에 정말로 쉽지 않은 일이다.

스타트업 전체 개수를 정확히 집계한 통계는 없지만 중소 벤처 기업부의 자료를 보면 2019년 1월부터 9월까지 신설 법인이 약 8만 개다. 그중 만 39세 이하 청년 창업이 2만 2,000개 수준인 반면 2019년 투자 건수는 615건, 약 2.7%에 불과하다. 청년 창업이 모두 스타트업은 아니겠지만 얼마나 소수의 기업이 투자를 받는지 가늠할 수 있다.

투자 유치는 규모나 단계에 따라 다르지만, 평균 6개월에서 길게는 1년 가까이 걸리는 매우 험난한 여정이다. 물론 정말 잘나가는 스타트업은 2~3개월 만에 끝내기도 하는데 일반적이지는 않다. 이 기간이 누군가에게는 피를 말리는 긴장과 스트레스의 연속이, 누군가에는 고통과 오욕의 시간이 되기도 한다.

시간이 누구의 편이냐에 따라, 대안이 있느냐에 따라 협상의 결과물이 달라질 수 있고 회사의 존폐 위기까지 갈 수도 있으니 현재의 매출과 비용 구조를 정확히 분석해서 자금 소진이 될 것으로 예상되는 시점으로부터 최소 10개월 이전에는 투자 유치 작업이 시작돼야 한다. 다수의 스타트업이 통장에 잔고가 얼마 남지 않은 상황에서 IR을 하다 보니 시간에 쫓기고 원하던 밸류를 못 받게 된다. 물건을 파는 사람이 부도나기 직전이면 땡처리를 하게 되고 사는 사람도 급할 게 없기 때문에 기다렸다가 최대한 싸게 사려고 하는 것이 당연지사다.

만약 1년 가까이 투자 유치 작업을 했는데도 안 됐다면 사업성, 인력 구성원, 투자 유치 전략 등에 대해 제로 베이스로 다시 생각해야 한다. 또한 투자 유치를 한다고 임직원 모두가 투자 유치 작업에만 매달려서는 안 된다. 협상이 진행되는 수개월 동안의 성과가 투자 유치를 위한 중요한 지표가 되기 때문에 계속 성장을 해야만 한다. 모두가 IR에 매달리면 소는 누가 키울 것인가?

투자 유치란 무엇인가?
왜 해야 하는가?

투자 유치는 IR^{Investor Relations}이라고 하는데 종종 자금 조달의 의미로 펀딩^{Funding} 또는 펀드레이징^{Fundraising}이라고도 쓴다. 의미상 큰 차이는 없으니 상황에 적절하게 사용하면 되겠다. 투자 유치는 쉽게 말하면 '우리 회사가 앞으로 잘될 거니까(미래 가치) 지금 자금(현재 가치)을 투자해 주세요. 반대급부로 주식이나 이자를 드릴게요'라는 의미다. 어렵게 말하면 엔젤이나 벤처 캐피털에 기업의 주식, 전환 사채, 신주 인수권부 사채 등을 인수시키는 방법으로 자본 참여를 통해 자본을 조달하는 것을 말한다.

자금을 조달하는 방식에는 여러 가지가 있는데, 크게는 금융권 대출이나 신보^{신용보증기금}, 기보^{기술보증기금}같이 타인 자본^{남의 돈}을 활용하는 방식, 구주^{기존 주식}를 팔거나 신주^{새로운 주식}를 발행해서 진행하는 자기 자본^{나의 주식}을 활용하는 방식 두 가지로 나눌 수 있다.

구주 매각이란, 기존 주주가 갖고 있던 주식^{지분}을 넘겨주는 방식으로 주식 양수도 계약만 체결하고 투자자는 주식에 대한 인수 대금을 주주에게 지급하면 된다.

신주 발행이란, 새로운 주식을 발행해 투자자에게 주식^{지분}을 배정하는 방식으로 신주 인수 계약을 체결하고 투자자는 신주 대금을 회사로 입금하면 된다.

대출을 받을 때는 이자를 지급하고 투자를 받을 때는 지분을 제공해야 한다. 대출을 받을 경우는 단기간에 자금 조달이 가능하며 지분을 지킬 수 있다는 장점이 있지만, 매달 이자를 상환해야 하고 상환이 불가능할 경우에는 신용도가 하락하거나 신용 불량자가 될 수 있다는 단점이 있다.

투자를 받을 경우는 차입에 따른 위험도 없을뿐더러 사업에 도움이 되는 투자자를 만나면 자금 이상의 도움을 받을 수 있다는 장점이 있다. 예비 창업자는 아직 회사를 설립하지 않았다는 뜻이고 당연히 주식을 발행한 적이 없기 때문에 지분을 통한 투자 유치는 어려울 것이다. 그렇다면 창업자 개인 명의로 대출이나 투자를 받아야 하는데 이 또한 나중에 회계 처리나 지분 정리, 투자금 회수 등 복잡한 문제가 발생할 수 있다. 따라서 타인 자본이든 자기 자본이든 외부 자금 조달은 회사를 설립한 이후에 진행하는 것을 추천한다.

그렇다면 투자를 왜 받아야 할까? 사실 투자 유치가 필요한 이유는 뻔하다. 돈이 필요하기 때문이다. 스타트업이 대부분 소자본으로 창업을 하기 때문에 인건비나 임대료 등에 대한 압박이 늘 있고 매출보다는 비용이 많으며 성장을 위해 의도된 적자를 감내해야 할 때도 많이 있다.

물론 사업이 잘돼서 투자 유치가 필요 없는 행복한 케이스도 있다. '넥슨'의 김정주 대표는 창업 당시 아버지의 투자 외에는 외부 자금 조달 한 번도 없이 일본 증시에 상장했고, 로레알 그룹으로 6,000억 원에 회사를 매각한 '스타일난다'의 김소희 대표는 매출이 많이 나와 굳이 투자받을 필요가 없어서 매각할 때 지분을 100% 갖고 있었다고 한다. 스타트업 월드에 있는 사람들은 6,000억 원이라는 금액에도 놀랐겠지만 아마도 지분 100%에 더 깜짝 놀랐을 것이다.

스타트업에 투자 유치가 필요한 주요 이유

- 사업 성공에 필요한 자금 중 스스로 마련할 수 없는 부분을 안정적으로 공급하기 위해
- 계획성 있는 우량 자금 유치를 통해 사업 계획을 원활하게 수행하기 위해
- 점진적 성장이 아니라 폭발적 성장을 위해
- 우수한 인재를 확보하기 위해
- 사업에 대한 검증을 마치고 마케팅에 집중하기 위해
- 한국 시장에서는 어느 정도 자리를 잡아 글로벌 진출을 하기 위해
- 대외적인 회사의 이미지 제고(고객, 임직원, 잠재적 투자자, 채용 등에 유리)를 위해

투자자와
투자 방식의 종류

스타트업에 투자를 하는 주체는 개인 엔젤 투자자부터 액셀러레이터, 벤처 캐피털, CVC^Company Venture Capital: 기업 주도형 벤처 캐피털, 금융 회사 등 다양하다. 각 주체마다 투자 유형, 투자 분야, 투자 목적, 투자 금액 등이 다르기 때문에 미리 알아두는 것이 좋다. 이번 장에서는 투자자 유형별 특징을 정리해 보겠다.

창업 아이템을 선정하고 초기 단계에서는 지인이나 엔젤 투자자 또는 액셀러레이터에게 투자를 받게 된다. 미국에서는 완전 초기에 투자하는 사람들을 'FFF'라고 표현하는데 가족^Family, 친구^Friend 그리고 바보^Fool라고 해서 거의 회수하기 힘들다는 의미의 미국식 유머가 들어 있는 듯하다.

이후에 성과가 나오면 좀 더 규모 있는 벤처 캐피털로부터 투자를 받게 되며 사업의 성장 단계에 따라 시리즈 A(10~30억 원 내외 투자, 본격적인 시장 공략 이전), 시리즈 B(50~100억 원 내외 투자, 검증을 마치고 폭발적 성장을 위해 대대적인 마케팅이나 인력 확충이 필요한 경우), 시리즈 C(그 이후 단계)의 단계를 거쳐 IPO나 매각 절차를 밟게 된다.

표는 투자 단계별 투자 주체와 목적을 정리한 것이다. 회사 케이스마다 다르기 때문에 대략 이런 흐름으로 투자가 진행된다고 참고하면 되겠다.

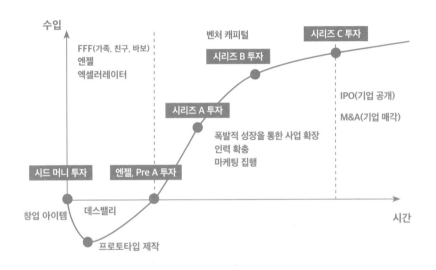

엔젤 투자자(Angel Investor)

벤처 캐피털이 타인의 자본으로 펀드를 결성하여 분산 투자를 하는 반면 엔젤 투자자는 대부분 본인 개인의 자본으로 직접 투자한다. 5억 원 미만의 개인 투자자가 많으나 '본엔젤스'처럼 투자 회사를 만들어서 초기 단계의 스타트업 위주로 투자하는 엔젤 투자 기관도 있다.

엔젤 투자 매칭 펀드도 있으니 사전에 엔젤 투자 매칭 펀드 신청 이력을 확인하는 것이 좋다. 개별 엔젤 투자자는 투자 금액의 최대 1배수 이내로 가능하고 전문 엔젤 투자자, 지방 소재 기업, TIPS^{Tech Incubator Program for startup Korea} 프로그램 선정 창업 기업, 재창업 기업은 2배수까지 가능하다. 전문 엔젤, 적격 엔젤, 엔젤 클럽, 개인 투자 조합, 일반 개인 등이 있고 투자 규모, 매칭 펀드 신청 자격, TIPS 자격과 조건 등이 모두 다르니 미리 검토하길 바란다.

엔젤 투자액은 2019년도 기준 2,500억 원 규모이고 현재 약 1만 2,000명의 엔젤 투자자가 활동하고 있다. 자세한 내용은 엔젤투자지원센터^{kban.or.kr}를 참고하면 된다.

액셀러레이터(Accelerator, 창업 기획자)

액셀러레이터는 초기 창업자의 선발 및 투자, 전문 보육을 주된 업무로 하는 기관으로서 중소기업창업지원법 제19조의 2에 따라 중소 벤처 기업부에 등록한 상법상 회사 및 민법에 따른 비영리 법인을 말한다. 2016년부터 공식 등록 관리제도가 시행 중이고 현재 68개사가 운영 중이다. 사무실 지원이나 코칭, 데모데이를 통한 후속 투자 지원을 하기도 한다. 일정 기간 창업 교육 프로그램 및 멘토링, 인프라 지원 등을 통해 해당 스타트업이 자리 잡도록 돕는다. 대부분 투자를 전제로 액셀러레이션 프로그램에 선발하거나 프로그램 참여 기업 중 일부에 직접 후속 투자를 진행하기도 한다.

일반적으로 5,000만 원 내외로 투자하고 5~10% 지분을 가져간다. 매출이나 성과는 거의 없고 아이템과 사람만 있는 회사의 완전 초기에 기업 가치를 5억 원 정도로 평가하고 투자하는 것이 감사하기도 하고 다른 장점도 많다. 하지만 나중에 너무 작은 기업 가치로 지분을 팔았다는 후회를 할 수도 있으니 잘 판단해야 한다.

기수별로 데모데이를 통해 각 스타트업을 외부 투자사와 엔젤 투자자, 업계 전문가들에게 소개한다. 이렇게 후속 투자의 장을 마련해 준다는 것이 액셀러레이터의 가장 큰 장점이다. 국내에는 프라이머, 스파크랩스, 퓨처플레이, 메쉬업엔젤스 등 주로 1990년대에 벤처 사업을 해서 큰돈을 번 벤처 1세대나 VC 출신이 많이 하고 있다. 액셀러레이터는 자본금 1억 원 이상(비영리 5,000만 원, 창조 센터 1,000만 원)과 전문 인력 2인 이상(투자, 보육 3년 이상 등), 보육 공간 보유 등의 조건을 갖춰야 한다. 자세한 사항은 한국액셀러레이터협회k-ac.or.kr나 각 회사의 홈페이지를 참고하면 되겠다.

벤처 캐피털(VC, Venture Capital)

VC는 주로 지분 투자의 방식으로 위험이 높은 초기 기업에 투자해 자본 이득을 얻고자 하는 전문적인 투자 기관을 말한다. 기술 경쟁력은 있으나 자본과 경영 능력이 부족한 기업에 투자하고, 스타트업의 성장을 도와준 후 투자금을 회수하는 금융 활동을 한다. 높은 위험 부담을 감수하고 높은 자본 이득High Risk High Return, 하이 리스크 하이 리턴을 목적으로 한다.

현재 가치나 당장의 매출보다는 미래 가치를 중심으로 투자한다. 특히 기술력, 경영 능력, 성장 가능성 등을 위주로 기업의 가치를 평가한다. 투자한 기업이 잘돼야 VC도 돈을 벌기 때문에 기업 가치 증대에 적극적으로 참여하고 능동적으로 지원한다. 가장 아름다운 상황은 다음 라운드 투자 유치를 할 때 기존 VC가 후속 투자를 일부 해 주면서 다른 투자자까지 소개해 주는 것이다.

2020년 9월 기준으로 국내 VC는 165개사이고 현재까지 1,273개사에 2조 8,485억 원이 투자되어 전년 동기 대비 약 8.7%가 감소했다. 스타트업 투자를 활성화하기 위해 만든 신기술 사업 금융 회사여신금융협회도 있는데 표면적으로는 VC와 유사하지만, 투자 금지 업종이나 투자 의무 등에서 VC에 비해 완화된 조건을 적용받는다. 자세한 내용은 한국벤처캐피탈협회^{kvca.or.kr}나 VC들의 개별 홈페이지를 참고하면 되겠다.

	벤처 캐피털	신기술 사업 금융 회사	
근거법	중소기업창업지원법 벤처기업육성에관한특별법	여신전문금융업법	
업종	창업 투자 또는 한국 벤처 투자사	전업 신기술 사업 금융	신기술 사업 + 리스
설립 요건	50억 원	100억 원	200억 원
여신 가능 여부	불가능	불가능	리스 등 여신사업 가능
투자 의무	자본금의 40% 이상을 벤처 기업에 투자	없음	
투자 금지 업종	금융 및 보험, 부동산 숙박 및 음식점	금융 기관 및 부동산	

벤처 캐피털과 신기술 사업 금융 회사 비교

재무적 투자와 전략적 투자

투자 방식에는 크게 재무적 투자^{FI, Financial Investment}와 전략적 투자^{SI, Strategic Investment}가 있다.

재무적 투자는 대부분의 기관 투자자들이 하는 일반적인 투자 방식을 말한다. 자금을 투입하고 일정 기간 이후에 투자 금액의 몇 배수로 회수하는 것이 목적이다. 경영에는 참여하지 않고 오직 이자나 배당, 원리금 회수 형태의 수익을 추구한다.

전략적 투자는 투자 수익 자체보다 모회사와의 사업적 시너지 또는 아웃사이드인^{Outside-in} 형태의 빠른 기술 확보가 목적이다. 모회사는 스타트업으로부터 혁신적인 기술이나 문화를 흡수할 수 있고 스타트업은 모기업의 지원을 통해 시장 확대와 혁신을 가속화할 수 있다. 사업적 우군을 만들기 위해 혈맹을 하는 것으로 투자한 기업이 훌륭하게 커 주면 인수 합병을 고려할 수도 있고 경영권을 확보하려고 할 수도 있다.

대부분 사업적으로 윈윈이 가능한 같은 업종을 선호하지만, 롯데그룹이 커머스를 강화하기 위해 현대택배를 인수한 것처럼 전략적 투자가 진행되기도 한다. 대표적으로는 카카오 초기에 투자한 텐센트, 우아한형제들[배달의민족]에 투자한 네이버, 직방이나 스테이즈 같은 프롭테크 기업에 투자한 우미건설의 사례 등이 있다.

최근에는 CVC가 활성화되면서 전략적 투자 역시 증가하고 있다. 재무적 투자와 전략적 투자는 무엇이 더 좋다 나쁘다를 말할 수 없고, 각각 장단점이 있다. 빠른 성장을 위해서는 두 가지 형태의 투자를 적절하게 활용하기를 추천한다.

벤처 캐피털의 메커니즘

지피지기 백전불태, "상대를 알고 나를 알면 백 번 싸워도 위태롭지 않다"라는 뜻으로 상대편과 나의 약점과 강점을 충분히 알고 승산이 있을 때 싸움에 임하면 이길 수 있다는 말이다.

일상생활이나 기업 경쟁에서 흔히 쓰이는 말이지만 투자 유치를 할 때만큼 적절한 경우도 많지 않은 듯하다. 투자 유치야말로 투자자와 자기 회사의 강약점이나 메커니즘을 충분히 알고 투자자가 투자할 수 있는 상황, 하고 싶은 상황, 해야 하는 상황일 때 IR을 하면 성공할 가능성이 많이 올라갈 수 있다. 그렇다면 VC에 대해서 자세히 알아보자.

VC는 도대체 왜 위험한 스타트업에 투자할까?

대답은 간단하다. 돈을 벌기 위해서다. 그것도 아주 많은 돈을 벌기 위함이다. 나름 유명한 투자 회사의 대표로 있는 친구가 이런 말을 했다. VC는 논리와 이성을 바탕으로 한 투기라고. 사회적 가치를 위한 투자, 임팩트 투자 등을 추구하는 투자 회사도 많아졌지만 '투자'라는 단어가 붙은 이상 재무 수익으로부터 자유로울 수 없다. 만약 돈을 버는 데 관심이 없는 VC나 신기사^{신기술 사업 금융 회사}가 있다면 몇 년을 버티기가 어려울 것이다.

VC는 재무적인 투자 외에 다른 서비스도 제공하나?

규모가 큰 VC의 경우 IPO 이전까지 모든 서비스를 제공하기도 한다. 기술 경쟁력만 있고 다른 부분이 취약한 스타트업들이 많기 때문에 상장하기 전까지 경영 지원, 재무 및 회계 활동 지원, 후속 투자 유치 지원 등 다양한 부가 가치^{Value-Added} 서비스를 제공하기도 한다. 포트폴리오 기업(VC에서 투자한 기업군) 간 네트워크를 형성하여 시너지 효과를 창출하거나 새로운 사업 기회를 모색하기도 한다. 정기적인 모임을 통해 관계를 강화하고 제휴가 일어나며 코파운더를 소개하거나 채용하기도 한다.

대표적으로는 스파크랩스 '얼럼나이 데이'나 본엔젤스의 '다본데이' 등이 있다. 투자한 스타트업이 잘돼야 VC도 살기 때문에 투자가 된 이후에는 한배를 탔다고 보면된다.

VC는 어떤 자금으로 투자를 하나?

VC가 어떤 자금으로 투자하는지 알기 위해서는 우선 LP^{Limited Partner}와 GP^{General Partner}의 개념을 이해해야 한다.

LP는 일반 조합원으로 실제로 자금을 대는 기관이나 기업을 말한다. 국민연금, 사학 연금, 공무원 연금, 군인 공제회 같은 연기금이나 금융 회사와 대기업이 될 수 있다.

GP는 업무 집행 조합원으로 VC가 여기에 해당하며 LP로부터 지원받아 만든 펀드를 운용하는 주체가 된다. 펀드 매니저와 비슷한 형태로 이해하면 되겠다. 결국 GP도 성과에 바탕을 둔 셀링을 통해 LP들을 설득하여 펀드를 만들고 해당 펀드를 통해 스타트업에 투자하게 되는 구조다. 참고로 펀드 설립 시 GP가 고통 분담 차원에서 일부 투자를 해야 하는 경우도 많다.

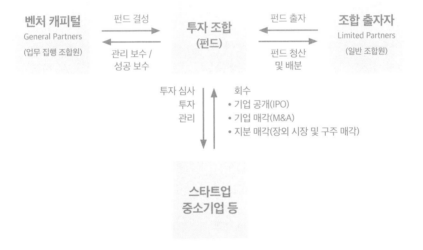

다음으로 펀드의 개념을 알아야 한다. 펀드에는 공개 모집하는 공모 펀드Public Fund 와 사적인 방식으로 모집하는 사모 펀드가Private Equity Fund 있다.

공모 펀드는 50인 이상의 투자자를 모집해야 하고 공시 의무가 있으며 투자 금액에 제한이 없고 증권사를 통해서 모집된다.

반면 사모 펀드는 50인 미만의 소규모 투자로 투자 금액이 1억 원 이상이고 증권
사 PB^Private Banking를 통해 모집되는 경우가 많다.

구분	공모 펀드 Publie Fund	사모 펀드 Private Equity Fund
투자자	50인 이상	50인 미만
모집 방식	공개 방식	사적인 방식
투자 모집 규모	대규모	소규모
가입 채널	증권사 영업점, 홈페이지	증권사 PB(Private Banking)
공시 의무	정기 / 수시 공시	없음
상품 홍보	가능	불가
종목 수	제한	비제한
투자 금액	제한 없음	1억 원 이상
회계 감사	매기 결산마다 회계 감사 실시	투자자의 요청에 의해 실시
예시	미래에셋 부자 아빠 3호 펀드	바이아웃펀드, 벤처펀드

혹자는 VC들이 돈이 많아서 자기 돈으로 투자를 한다고 생각하는데 이는 잘못된
상식이다. 일부 CVC를 제외하고는 모두 여러 출자자로부터 돈을 모아 펀드를 만들
어서 그 조합에 있는 돈으로 투자한다. 다시 정리하면 GP^벤처 캐피털, 업무 집행 조합원와 LP^조
합 출자자가 투자 조합^펀드을 만들어서 기업에 투자하는 것이다.

모태 펀드란 무엇인가?

모태 펀드^FOF, Fund of Funds란 여러 투자자^출자자로부터 출자금을 받아 하나의 '모펀드'
를 조성하여 개별 투자 펀드인 '자펀드'에 출자하는 펀드를 말한다. 즉 투자자가 기
업이나 프로젝트에 직접 투자하기보다 기업이나 프로젝트에 투자하는 개별 투자 펀

드에 출자하는 것이다. 투자자가 개별 기업이 아닌 펀드에 출자하여 투자 위험을 줄이면서 수익을 확보하는 방식의 펀드다. 우리나라에서는 중소 벤처 기업 육성을 위한 투자 재원 공급, 정책적 산업 육성, 일자리 창출 등을 목표로 조성된 정부 주도의 펀드를 가리킨다. 정부가 벤처 캐피털이 운영하는 창업 투자 조합에 투자하는 방식이다.

우리나라에서는 2005년 '벤처기업육성에 관한 특별조치법'에 의거해 '한국모태펀드'가 처음으로 결성됐고, 정부 자금을 모아 하나의 모펀드를 조성하여 모펀드를 통해 창업 투자 회사(이하 창투사) 등이 조성하는 자펀드에 투자하는 방식으로 운영되고 있다. 주요 출자자로는 정부 8개 부처(중소 벤처 기업부, 문화 체육 관광부, 과학 기술 정보 통신부, 환경부, 교육부, 국토 교통부, 해양 수산부, 고용 노동부)가 있고 투자 의사 결정은 전문 기관인 한국벤처투자(kvic.or.kr)가 담당한다. 2020년 9월 기준으로 총 조성 금액이 약 5.8조 원, 출자 펀드는 829개, 출자 펀드의 투자 기업 수는 6,733개, 출자 펀드 투자 금액은 약 20.3조 원에 달한다.

VC는 무엇으로 먹고사나?

VC^{GP}도 회사이기 때문에 수익 모델이 필요하다. 대한민국에서 가장 똑똑한 사람들을 모아 놓고 투자한 스타트업이 대박 날 때까지 손가락만 빨 수는 없는 노릇이다. 기본적으로 VC는 운용하는 펀드 전체 금액의 2% 내외를 운용 수수료로 받는다. 또한 기준 수익률^{LP}와 협의한 기준 수익률(평균 7% 내외) 이상을 하면 20% 내외의 성과 보수^{인센티브}를 받게 된다.

뒤에서 국민연금과 A인베스트먼트가 다음 조건으로 300억 원짜리 펀드를 만들 경우의 수익 구조를 예로 들었으니 참고하길 바란다.

	조건
	• 연간 운용 수수료 2%
	• 기준 수익률 평균 7% 내외
LP(Limited Partner)	• 성과 보수 20%
국민연금 290억 원	• 만기 7년
	결과
	• VC(GP)는 매년 6억 원의 운용 수수료 수취
	• 펀드 만기 7년 뒤에 200억 원의 수익이 발생했다면 80%인 160억 원은 LP가,
GP(General Partner)	40억 원은 GP가 갖게 됨
A인베트스먼트 10억 원	

일반적으로 운용을 잘했다고 회자되는 VC의 수익률은 연 복리 15% 수준이고 투자한 회사 중에 대부분 망하더라도 1곳이라도 대박이 나면 충분한 보상이 따른다.

예를 들어 200억 원 벤처 펀드를 20억 원씩 10군데에 투자했다고 가정할 경우 한 곳도 실패하지 않고 모든 투자 건에서 10%의 수익이 났다면 20억 원을 회수하지만 9개 회사가 다 망하고 1개의 회사에서 10배의 수익이 났다면 200억 원을 회수할 수 있는 것이다. 따라서 벤처 펀드 운용에서 중요한 것은 잘되는 회사가 얼마나 대박이 나는가다.

VC에서 운영 중인 조합을 확인하는 방법이 있나?

VC마다 홈페이지를 운영한다. 기본적으로 회사와 심사 역, 그동안 투자했던 포트폴리오 회사들을 간단하게 소개한다. 현재 운영 중인 조합을 노출하는 경우도 있고 그렇지 않은 경우도 많다. 중소기업창업투자회사 전자공시[diva.kvca.or.kr]에서 조합 현황을 검색해 보면 회사명, 조합명, 등록일, 결성 총액, 만기일, 주요 투자 분야 등에 대해서 자세히 알 수 있다.

VC가 투자한 사례 중 대박 난 케이스는 무엇이 있나?

- 본엔젤스: 배달의민족 초기에 3억 원을 투자하여 3,060억 원을 회수-1,020배 수익

- 케이넷투자파트너스 케이넷문화콘텐츠전문투자조합: 블루홀^{배틀그라운드 제작사}에 99억 원을 투자하여 보유 지분 중 일부(30%)를 매각하고 약 1,300억 원을 회수-투자 원금의 약 40배 수익

- 액셀 파트너스^{Accel Partners} 5,000억 원 펀드: 페이스북 초기에 100억 원을 투자하여 10조 원을 회수-1,000배 수익

- 세쿼이아 캐피털^{Sequoia Capital} 1조 원 펀드: 왓츠앱^{Whatsapp}에 600억 원을 투자하여 3조 원을 회수-50배 수익

- 한국투자파트너스 300억 원 펀드: YG엔터에 74억 원을 투자하여 687억 원을 회수-9.3배 수익

벤처 캐피털의
투자 프로세스

벤처 캐피털의 생리를 잘 알아야 좀 더 유리한 입장에서 투자 유치를 할 수 있다고 이야기했지만, 이 모든 것은 자잘한 팁이다. 스타트업이 가져야 할 가장 큰 덕목이자 무기인 폭발적 성과가 나오지 않는다면 아무 의미가 없다. 성과가 없다면 1차 미팅조차 힘들다는 것을 명심해야 한다.

'성과 없이는 투자 유치도 없다.'

이번 장에서는 VC가 어떤 프로세스로 투자를 하는지 알아보겠다.

벤처 캐피털의 투자 프로세스

1. 투자 대상 업체 발굴(Deal Sourcing)

스타트업이 투자를 받기 위해 VC를 컨택하고 만나려고 하는 것과 같이 VC도 성과가 나오거나 맨파워가 좋은 스타트업을 찾아다닌다. 대부분은 스타트업에서 먼저 연락이 오기 때문에 그중에서 필터링해 일정 수준 이상의 스타트업을 만나지만, VC 그들만의 리그에서 소개하고 추천받는 경우도 많다. VC 업계 내에서도 경쟁이 치열하기 때문에 좋은 스타트업을 발굴하여 다른 VC보다 빨리 적절한 금액으로 투자하는 것이 매우 중요하다.

스타트업 입장에서는 VC들이 운용하는 펀드의 성격과 주목적(청년 창업 펀드, 관광 펀드, 재기 창업 펀드 등)을 파악하고 펀드의 남은 기간과 소진 비율을 파악하여 공략하는 것이 투자 유치 승률을 높일 수 있다.

예를 들어 만 39세 이하의 대표자, 창업 3년 이내의 스타트업에만 투자하는 청년 창업 펀드만 가진 VC에게 40세 이상의 창업자가 컨택해 봤자 투자받기가 어렵다는 것이다. 마찬가지로 펀드 성격은 맞으나 대부분의 투자금을 이미 소진했다면 진행이 어렵다.

2. 스타트업 경영진 미팅

VC의 심사 역은 다양한 경로를 통해 스타트업의 경영진을 만나 사업에 대한 설명을 듣는다. 그들도 결국 직장인이기에 내부에서 주간 회의나 월간 보고를 할 때 어떤 업체를 만났고 대표자가 어떤 사람인지, 투자 심사를 해 볼 가치가 있는지 등에 대해 논의와 보고를 한다.

스타트업 입장에서는 VC가 만나 주는 것만으로도 감사하지만 사실 이제부터가 험난한 여정의 시작이다. 미팅은 1회로 끝나지 않고 일정한 주기로 수개월 동안 지속되기도 한다. 단순히 시간을 질질 끄는 것이 아니다. 이 기간에 회사와 대표를 알아 가고 평판을 조회하기도 하며 가장 중요한 지속적으로 성장하고 있는지를 보려는 것이다.

앞서 이야기한 대로 첫 번째 미팅부터 납입(투자 금액 입금)까지 평균 6개월 내외의 기간이 걸리기 때문에 우리는 투자 유치 작업을 하면서도 사업에서 성과를 내야 한다. 간혹 투자 유치에 대표 이사나 핵심 인력들의 리소스가 너무 많이 들어서 정작 사업의 성과가 나오지 않는 경우가 있는데 이는 매우 위험하다. 성과가 안 나오면 투자 유치도 어렵고 투자 때문에 시간을 많이 빼앗겨 성과가 저조한데 투자까지 실패하면 정말로 악순환에 빠질 수 있다. 그렇기 때문에 본업에 집중하면서 동시에 IR 작업을 해야 한다.

3. 사업 내용 상세 검토

VC의 심사 역은 스타트업의 경영진을 만나 IR 피칭을 듣고 자료를 받고 난 이후부터 엄청나게 바빠진다. 스타트업에서는 많은 노력과 검증을 통해 자료를 만들었겠지만 그걸 다 믿을 수는 없는 노릇이다. 간혹 지표나 성과를 유리하게 장난치는 곳도 있기 때문이다.

심사 역은 기본적인 산업과 시장에 대한 조사부터 IR 자료의 검증, 매출 예측 분석 등을 통해 합리성, 논리성, 정합성, 미래 성장 가능성 등을 종합적으로 분석하고 투자 가능성 유무를 타진하여 보고 자료를 만든다. 동시에 여러 업체를 만나고 분석 자료를 만드는 경우가 많기 때문에 시간이 오래 걸릴 수 있다.

이런 과정에서 심사 역은 IR 자료의 지표들에 대한 근거 자료부터 시장과 사업에 대한 다양한 자료를 요청하고 수많은 질문을 한다. 투자를 하는 게 맞는지, 맞는다 면 투자를 해야 하는 이유는 무엇인지 논리와 명분을 찾는다. 이 시기는 양사 모두 에게 중요하며 스타트업은 이런 요청에 최대한 신속하고 정확하게 대응해야만 투자 유치 가능성을 조금이라도 높일 수 있다. 질문에 대한 피드백이 논리가 부족하거나 늦어질수록 그만큼 투자 유치도 멀어진다고 생각하면 되겠다.

4. 밸류에이션 및 투자 금액 협상

다양한 조사와 분석을 통해 투자할 만한 스타트업이라고 판단되면 이때부터 밸류에이션과 투자 금액에 대한 협상과 조율을 한다. 사는 사람은 싸게 사고 싶어 하고 파는 사람은 비싸게 팔고 싶은 것이 인지상정이다. 그래서 스타트업은 밸류를 높이려고 하고 VC는 밸류를 낮추려고 한다. 하지만 스타트업 입장에서도 무조건 밸류를 높게 하는 것이 좋은 것만은 아니다. 후속 투자를 고려한다면 이번 라운드에서 적정한 밸류로 투자를 받아야 다음 라운드에서 유리할 수 있다. 자세한 내용은 뒤에 〈스타트업의 밸류에이션〉을 참고하길 바란다.

5. 최종 IR과 투자심의위원회(투심, Investment Committee)

최종 IR은 보통 스타트업의 경영진(보통 대표 이사)이 VC의 대표 이사를 포함해 주요 경영진 앞에서 마지막 피칭을 하고 질의응답하는 단계로 보면 되겠다. 여기에서 어느 정도 윤곽이 나오며 투자심의위원회에서 최종 의사 결정을 한다. 스타트업 입장에서는 가장 피 말리는 시간이 될 것이다.

투심은 예비 투심과 본투심으로 구분이 되고 VC마다 다른 형태로 진행되는데 투심에 참석하는 심사위원(보통 VC 임원)들이 만장일치를 해야 한다거나 3분의 2 이상이 찬성해야 한다는 식의 내규가 있다. 그리고 펀드 집행 규정에 따라 LP에게 승인을 받아야 하는 경우도 있으니 참고하길 바란다.

6. 실사(DD, Due Diligence)

투심에서 통과하면 실사를 한다. 보통 'DD'라고 많이 이야기하는데 실사에는 VC에서 지정한 회계 법인에서 회계 실사를 하는 것과 회사의 성과나 자산을 검증하기 위해 VC 자체 관리팀에서 발품을 팔며 조사를 하는 현장 실사 등으로 나눌 수 있다.

실사까지 진행되면 투자가 거의 확정됐다고 안심하는 사람도 있으나 절대 그러면 안 된다. 나 역시 모 투자 회사에서 실사까지 진행하고 투자가 거의 될 것처럼 커뮤니케이션이 되어 다른 투자 회사와의 미팅을 멈추고 임대료가 높은 사무실까지 계약한 적이 있었다. 그런데 결국 투자는 진행되지 않았고 우리 회사는 뼈 아픈 시기를 감내해야 했다.

실사 과정에서 고의 또는 과실에 의한 실수나 잘못된 회계 처리, 허위 내용 등이 발각되면 투자가 진행되기 어렵다. 그러므로 모든 자료와 회계 처리는 투명하게 관리해야 하고 실사에 대한 응대도 정확하고 빠르게 해야 한다. 회계 실사 비용은 회사의 규모, 매출액, 자회사의 수 등에 따라 다르지만 보통 수백만 원이 나오는데 투자가 진행되면 스타트업이 돈을 내고, 투자가 철회되면 VC에서 내는 경우가 많다. 투자가 안 된 것도 억울한데 수백만 원의 회계 실사 비용을 스타트업에게 내게 하는 것은 불합리할 수 있는데 이는 업계의 좋은 룰인 것 같다.

7. 텀시트(Term Sheet)와 투자 계약서 작성 및 검토

실사와 텀시트는 꼭 순차적으로 진행되는 것은 아니다. 동시에 진행되기도 하고 실사가 최종 IR과 투심보다 먼저 선행되기도 한다. 텀시트는 계약서를 상호 검토하기에 앞서 계약의 주요 내용(밸류, 투자 금액, 주식의 종류, 주금 납입 일정 등)을 정리한 것으로 계약의 주요 사항을 미리 합의해서 거래가 깨지는 것을 미연에 방지 및 조율하기 위해 작성한다.

보통 A4 용지 1~2장으로 계약서의 가장 핵심 내용만 정리해서 VC에서 스타트업 대표에게 보내 준다. 참고로 텀시트는 그 어떤 법적 구속력이 없으니 유의하길 바란다. 다시 말해 텀시트를 보내 줬다고 해서 무조건 투자하는 것이 아니며 텀시트 이후 계약서를 쓰기 전에 드롭이 돼도 어쩔 수 없다는 것이다.

계약서는 보통 해당 VC에서 쓰는 표준 계약서를 보내 준다. 깨알 같은 글씨로 수십 장이 쓰여 있다. 스타트업 입장에서는 투자해 주는 것만으로 감사해서 계약서를 꼼꼼히 검토하지 않는 경우가 많은데 스타트업에 불리한 내용이 들어갈 수 있으니 찬찬히 검토해야 한다. 투자 계약서에 대한 자세한 내용은 뒤에 다시 다루겠다.

8. 자금 집행

미국의 유명한 야구 선수 요기 베라가 "끝날 때까지 끝난 게 아니다"라고 했다. 바꿰 말하면 투자 유치는 자금이 입금될 때까지는 끝난 게 아니다. 흔한 경우는 아니지만, 계약서에 도장을 찍었어도 틀어지기도 하므로 샴페인은 계약서를 쓴 날이 아니라 투자 금액이 입금된 날 터트리기를 추천한다.

크든 작든 법인 계좌에 투자 금액이 입금되는 순간은 아마도 여러분이 살면서 느끼게 될 가장 큰 희열이 될 것이다. 그리고 찰나의 기쁨 뒤에 엄습하는 불안감이나 책임감으로 마냥 기쁘지만은 않다는 것을 느끼고는 또 한 번 놀라게 될 것이다.

프리 머니 밸류와
포스트 머니 밸류

투자자: 현재 회사의 밸류가 얼마이고 펀딩 금액은 얼마인가요?

스타트업 대표: 저희 회사의 밸류는 현재 100억 원이고 20억 원을 투자받으려고 합니다.

투자자: 네, 알겠습니다. 그럼 이번 라운드에서 저희가 20억 원을 투자할 테니 지분의 20%를 주세요.

스타트업 대표: 투자해 주시는 것은 감사한데요, 20억 원을 투자하시면 지분이 20%가 아니라 16.6%가 됩니다. 뭔가 착오가 있으신 듯합니다.

투자자: 회사 밸류를 포스트 100억 원으로 말씀하신 게 아닌가요? 프리 밸류가 100억 원이라면 조금 더 고려해 봐아겠네요.

이건 도대체 무슨 상황일까? 바로 회사 밸류에 대한 서로의 이해가 달라서 발생한 해프닝이다. 스타트업 대표는 프리 밸류로 이야기를 했고 투자자는 포스트 밸류로 투자하고자 했던 것이다. 요약해서 이야기했지만, IR을 하고 투자 결정을 하기까지 투자자나 스타트업에서 얼마나 많은 시간과 리소스가 소요됐을지 가늠이 되는데 이런 사소한 오해로 투자가 진행되지 않는다면 얼마나 답답한 일일까?

투자 협상을 진행하면서 가장 많이 사용하는 단어가 아마도 밸류Value: 가치일 것이다. 기업의 가치가 얼마인지에 따라 희비가 엇갈리며 투자가 되기도 하고 깨지기도 한다. 그렇다면 우리가 흔히 이야기하는 가치와 가격에는 어떤 차이가 있을까?

가격은 수요와 공급에 따른 매칭의 결과물로 한 개의 숫자로 정해져 있다. 일반적으로 제품이나 서비스를 구매할 때 우리가 지불하는 금액이 가격이 되는 것이다. 물론 유통 과정의 복잡도가 증가하면서 핸드폰이나 노트북 같은 전자 제품을 살 때도 업체마다 가격 차이가 나는 경우가 많지만 대체로 생산자가 공장도 가격을 정하고 약간의 차이가 있을 뿐이다. 기업 입장에서 보면 상장된 주식은 1주당 가격이 정해져 있고 여기에 발행된 주식 수를 곱하면 회사의 시가 총액이 된다.

반면에 비상장 주식의 경우 가격이 정해져 있지 않기 때문에 밸류라는 개념이 필요하다. 밸류는 기업의 내재 가치를 합리적 가정을 통해 추정한 것으로 서로의 입장과 논리에 따라 여러 개의 숫자가 존재하게 된다. 기업에서는 회사가 앞으로 매우 잘될 것으로 생각하니 밸류를 높게 책정할 가능성이 높고, 투자자 입장에서는 리스크가 많기 때문에 낮게 책정할 가능성이 높다. 결과적으로 기업에 대한 투자자의 미래 기대치와 기업이 주장하고 싶은 기대치 언저리에서 투자 금액이 결정된다.

밸류에이션을 하기 위해서는 프리 머니 밸류$^{Pre\ money\ value}$와 포스트 머니 밸류$^{Post\ money\ value}$의 개념을 이해해야 한다.

프리 머니 밸류는 투자하기 전의 기업 가치로 현재 상황의 순수한 가치로 보면 되겠다. 투자를 받지 않아도, 또는 투자를 10억 원을 받든 30억 원을 받든 변하지 않는 금액이다.

포스트 머니 밸류는 프리 머니 밸류에 투자 금액을 더한 금액이다. 쉽게 말해 프리 머니 밸류가 90억 원이고 10억 원을 투자했다면 포스트 머니 밸류는 100억 원이 되는 것이다. 투자가 이뤄진 직후의 기업 가치이며 지분율 계산이 용이하기 때문에 많이 사용된다.

투자를 진행할 때 프리 머니 밸류와 포스트 머니 밸류가 중요한 이유는 논의되고 있는 기업 가치가 프리냐, 포스트냐에 따라서 지분율과 희석이 달라지기 때문이다. 예시대로 프리 머니 밸류가 90억 원일 때 10억 원을 투자하면 투자자는 투자 이후에 10%$^{100분의\ 10}$의 지분을 확보하게 된다. 하지만 프리 머니 밸류가 100억 원일 때 10억 원을 투자하면 약 9%$^{110분의\ 10}$의 지분을 갖게 되기 때문에 큰 차이가 발생한다. 회사 가치가 10억 원일 때 1%가 큰 차이가 아닐 수도 있지만 100억 원의 밸류라고 가정하면 1%가 1억 원의 의미를 갖기 때문에 모든 협상에서 신중해야 한다.

스타트업의
밸류에이션

물건의 거래가 이뤄지기 위해서는 판매자와 구매자가 제품 가격에 대한 합의가 있어야 하듯이, 스타트업이 투자를 받기 위해서는 스타트업과 투자 회사 간의 밸류에 대한 컨센서스Consensus: 합의된 생각가 있어야 한다. 앞서 이야기한 대로 사는 사람은 싸게 사고 싶고, 파는 사람은 비싸게 팔고 싶기 때문에 밸류에 대한 격차가 너무 크다면 딜Deal 자체가 성립되지 않는다.

스타트업의 밸류를 산정하는 방법, 즉 밸류에이션에 무슨 공식이 있어서 숫자를 대입하면 나오거나, 체크 리스트가 있어서 몇 점이 되면 얼마가 된다는 식으로 생각하는 분들이 있다. 결론부터 이야기하면 지극히 주관적이고 비논리적인 과정을 통해 결정된다. 물론 대기업이나 중소기업 등 매출이나 고객이 많은 회사는 DCF법

Discounted Cash Flow Method이나 시장가치법EV/EBITDA, PER, PBR 등 각종 지표를 활용하여 기업의 가치를 산정하지만 유의미한 매출이나 고객이 없는 상황에서 이런 방법은 무의미하다.

초기 기업의 기업 가치는 결국 협상의 결과물이다. 스타트업이 다음 마일스톤을 찍고 원하는 수준에 도달하기까지 필요한 투자 금액과 투자를 통해 몇 %의 지분을 줄 것인지 등에 대해서 협의하여 결정된다. 보통 대부분의 벤처 캐피털은 라운드마다 10~20%의 지분을 취득하기를 원하기 때문에 그 범위 내에서 협상이 가능하다. 사실 가장 쉬운 방법은 동종 업계 경쟁사나 비슷한 규모의 다른 스타트업의 최근 투자 현황을 참고하는 것이다. 유사한 업종의 유사한 매출이나 고객을 보유한 회사들의 투자 이력, 최근 거래된 기업 가치, 주식 가격, M&A 사례 등을 종합하여 가늠해 볼 수 있다.

기업의 규모나 시기에 따른 투자 협상은 보통 다음과 같은 방식으로 진행이 되니 참고하길 바란다.

- 시드, 엔젤, 액셀러레이터 단계: 일반적으로 밸류를 적게는 5억 원부터 많게는 30억 원 내외에서 협상하여 결정(창업 팀이 가장 중요)
- 시리즈 A 단계: 투자 규모는 10~30억 원, 밸류는 50~200억 원 사이(팀, 유저, 트래픽, BM 등이 중요)
- 시리즈 B 단계 이후: 30억 원 이상의 투자, 재무 추정(통상 3개년)에 따른 밸류에이션 적용
- 주식 시장 상장: 상대 가치법, PER^Price Earnings Ratio: 주가 수익 비율 =Price^주가/EPS^Earning Per

Share: 주당 순이익

- 상장 기업 M&A: 주가+경영권 프리미엄
- 비상장 기업 M&A: 상대가치법+경영권 프리미엄

VC 입장에서는 유의미한 지분(대략 10~20%)을 확보하기를 선호하기 때문에 투자 유치 금액과 회사 밸류와 VC에 줘야 하는 지분의 상관관계를 알 필요가 있다. 만약 이번에 투자받고 싶은 금액이 10억 원이라면 최소한 회사의 밸류가 적게는 50억 원에서 많게는 100억 원 사이가 될 거라는 암묵적인 합의가 있어야 한다.

*단위: 억 원

프리 밸류	40	40	40	40	40	40	40
펀딩 금액	10	15	20	25	30	35	40
포스트 밸류	50	55	60	65	70	75	80
신규 발행 주식%	20.00%	27.27%	33.33%	38.46%	42.86%	46.67%	50.00%

프리 밸류	80	80	80	80	80	80	80
펀딩 금액	20	25	30	35	40	45	50
포스트 밸류	100	105	110	115	120	125	130
신규 발행 주식%	20.00%	23.81%	27.27%	30.43%	33.33%	36.00%	38.46%

프리 밸류	160	160	160	160	160	160	160
펀딩 금액	40	45	50	55	60	70	80
포스트 밸류	200	205	210	215	220	230	240
신규 발행 주식%	20.00%	21.95%	23.81%	25.58%	27.27%	30.43%	33.33%

밸류와 투자 금액 시뮬레이션

표를 보자. 프리 밸류가 80억 원인 경우 20억 원을 투자받는다면 포스트 밸류가 100억 원이 되고 투자 회사에게 20%의 지분을 신주 발행을 통해 주게 된다. 만약 회사 밸류가 올라가지 않는 상황에서 욕심을 과도하게 부려 50억 원을 투자받게 된다면 약 38%의 지분을 주게 되어 향후 경영권 방어에 문제가 생길 수도 있다. 따라서 투자 금액을 무조건 높게 받는 것이 중요한 게 아니라 기업의 가치와 투자 금액과 지분의 변동을 종합적으로 판단해야 한다.

투자 유치 전후 지분 변동 시뮬레이션

투자를 받게 되면 단순히 법인 통장에 돈이 들어오는 것이 아니다. 투자 계약서에 명시되는 대로 회사의 가치, 지분 구조, 이사회 구성원, 의사 결정 구조, 자금 집행 방식 등 많은 것이 바뀌게 된다. 따라서 현재 기업의 가치(프리 머니 밸류), 투자 이후의 가치(포스트 머니 밸류), 투자 유치 금액, 투자자에게 줘야 하는 주식 수와 지분율, 투자 이후 창업자의 지분 변동 등을 시뮬레이션해 보면서 의사 결정을 해야 한다.

몇 가지 가정을 통해 시뮬레이션해 보자.

- A가 회사를 창업할 때 자본금 8,000만 원(액면가 1,000원×8만 주)으로 주식회사를 설립했다. 공동 창업자는 3명이고 대표 이사가 60%, 다른 공동 창업자 2명(B와 C)이 20%씩 갖기로 했다.
- 서비스가 출시되고 1년간의 노력 끝에 유저도 10만 명 가까이 됐고 조금씩 매출이 나오기 시작했다.
- 이제는 외부 자금을 조달해 새로운 사람들도 충원하고 대외적으로 마케팅을 시작하고자 한다.
- 다행히 투자 유치 작업을 시작한 지 3개월 만에 D 투자자와 이야기가 잘돼서

프리 머니 밸류 40억 원으로 하여 10억 원을 투자받기로 했다.

- 이런 경우 포스트 머니 밸류는 50억 원이 되고 10억 원에 대한 주식 2만 주(20%)를 신규로 발행해 D 투자자에게 줘야 한다.

- 신주를 2만 주 발행했으므로 회사의 전체 주식 수는 기존 8만 주에 신주 2만 주를 더하여 10만 주가 된다.

- 각각의 공동 창업자가 보유한 주식 수는 동일하고 전체 주식 수가 증가했기 때문에 지분율이 조금씩 줄어든다.

- A 창업자의 경우 8만 주 분의 4만 8,000주(4만 8,000 주/8만 주)로, 60%의 지분을 갖고 있었으나 10만 주 분의 4만 8,000주(4만 8,000 주/10만 주)로, 48%로 희석이 되고 B와 C도 4%씩 줄어들게 된다.

프리 밸류	4,000,000,000원
펀딩 금액	1,000,000,000 원
포스트 밸류	5,000,000,000 원
현재 주식 수	80,000주
새로 발행해야 하는 주식 수	20,000주
전체 주식 수(구주+신주)	100,000주
액면가	1,000원
투자 후 주식당 단가	50,000원

투자 유치 전	보유 주식 수	보유 지분	주식 가치
A 창업자	48,000주	60%	48,000,000원
B 공동 창업자	16,000주	20%	16,000,000원
C 공동 창업자	16,000주	20%	16,000,000원
합계	80,000주	100%	80,000,000원

투자 유치 후	보유 주식 수	보유 지분	주식 가치
A 창업자	48,000주	48%	2,400,000,000원
B 공동 창업자	16,000주	16%	800,000,000원
C 공동 창업자	16,000주	16%	800,000,000원
D 투자자	20,000주	20%	1,000,000,000원
합계	100,000주	100%	5,000,000,000원

투자 계약서
보는 방법

　많은 관문을 통과하고 텀시트에서 서로 합의가 되면 투자 계약서를 받게 될 것이다. 투자 계약서는 지난 수십 년간 축적돼 온 지식과 노하우를 바탕으로 다양한 계약 조항이 들어가 있고 일반적으로 투자자에게 유리하게 작성돼 있다. 따라서 투자를 받는 입장에서는 투자 계약서를 받은 것에 너무 감사해하거나 심취해 있지 말고 문장 하나하나 세심하게 읽어 보고 의미를 파악해야 한다.

　투자 계약서에는 리픽싱Refixing이나 연대 보증, 경영 간섭 조항 같은 독소 조항과 주식의 종류에 따라 상환권이나 전환권같이 예민한 조항이 들어갈 수 있다. 그러니 주변에 투자 관련 전문가나 변호사 등에게 의뢰하여 법률 검토나 발생 가능한 리스크에 대해서 사전에 검토하는 것을 추천한다.

일반적인 투자 계약서의 구성

표는 일반적인 투자 계약서의 구성이다. 한번 읽어 보면 알 만한 평이한 내용도 있지만 대부분 앞서 말한 대로 이해관계가 얽히고설킨 복잡하고 첨예한 조항이 많으니 다양한 각도에서 분석하길 바란다.

계약서를 검토하거나 자문을 받은 이후 계약서 내용 중에서 수정하고 싶은 사항이 있을 때 VC 쪽에 이야기하기 어려운 경우가 많다. 그런데 잘못하면 경영권을 뺏기거나 회사를 통째로 날릴 수 있으니 어렵고 불편하더라도 제대로 협상해야 한다.

제1조	계약의 목적	제18조	임원의 지명
제2조	정의	제19조	직원의 파견
제3조	이해 관계인	제20조	기업 공개의 의무
제4조	정관 등 내용 변경	제21조	이해관계인의 주식 처분
제5조	투자의 선행 조건	제22조	인수인의 우선 매수권
제6조	발행 조건	제23조	공동 매도권
제7조	전환에 관한 사항	제24조	주식 매수 청구 등
제8조	의결권에 관한 사항	제25조	위약벌의 청구 등
제9조	배당금에 관한 사항	제26조	불가항력
제10조	상환에 관한 사항	제27조	분쟁 해결
제11조	진술 및 보장	제28조	계약의 승계 등
제12조	전환 후의 약정	제29조	계약의 변경
제13조	기술의 이전, 양도 및 경업 금지	제30조	계약의 종료
제14조	신회사 설립 금지 등	제31조	효력 발생
제15조	경영 사항에 대한 동의권 및 협의권	제32조	특약 사항의 효력
제16조	투자금 사용 용도	제33조	특약 사항
제17조	회계 및 업무 감사	부속명세	

투자 계약서에서 조심해야 할 내용

연대 보증

보증인이 주 채무자와 연대하여 보증할 것을 채권자와의 보증 계약에서 약정함으로써 성립한다. 쉽게 말해 스타트업이 투자받을 때 투자 계약서에 있는 의무나 책임에 대해 회사(법인)가 이행하지 않을 경우 연대 보증을 한 개인들도 책임을 지게 하겠다는 것이다.

주식회사의 장점이 자기가 출자한 만큼만 책임을 지는 것인데 연대 보증으로 묶인 경우에는 회사가 잘못됐을 때 개인까지 신용 불량자가 될 리스크가 있다. 이런 불합리한 제도 때문에 우리나라에서는 사업하다가 실패하면 재기가 불가능하다는 말이 있는 것이다. 요즘에는 이해관계인에게 무과실 책임을 부담하는 것이 불합리하다는 인식이 많아져서 고의 또는 과실이 있을 때만 책임을 지는 것으로 많이 바뀌고 있다.

리픽싱(Refixing)

원래 의미는 주가가 낮아질 경우 전환 가격이나 인수 가격을 함께 낮춰 가격을 재조정하는 것을 말한다. 스타트업 투자 계약서에서의 리픽싱은 특정 성과(매출, 영업 이익, 고객 수, 트래픽 등)가 나오지 않을 경우에 주식당 단가를 재조정하여 투자자가 지분을 더 가져가는 것을 의미한다.

창업자 입장에서는 지분이 줄어들어 경영권을 뺏길 위험성이 있기 때문에 리픽싱이 대표적인 독소 조항이다. 상장 주식은 리픽싱 한도가 30%로 제한돼 있는데 비상장 주식은 리픽싱 한도의 제한이 없다.

경영 간섭 조항

말 그대로 회사를 운영하는 데 투자 회사가 간섭하거나 동의를 얻어야만 진행할 수 있도록 하는 것이다. 특히 투자금 용도 제한이 대표적이며 투자받은 금액을 처음에 약속한 방식으로 사용하지 않으면 위약벌에 대한 책임을 지게 할 수 있다.

또한 리드 투자자Lead Investor가 사외 이사를 요구하는 경우가 많다. 회사의 대소사를 이사회에서 많이 결정하는데 그때마다 투자자의 동의를 받아야 하는 일이 발생할 수 있으니 신중하게 의사 결정길 바란다.

위약벌

투자 계약서에 명시된 의무를 이행하지 않을 경우, 스타트업이 투자자에게 벌금을 내는 것을 말한다.

위약금은 상대의 손해를 배상하는 성격이지만 위약벌은 손해 배상과는 상관없이 계약의 이행을 확보, 강제할 목적으로 미리 당사자 간의 합의로 정해 놓은 일종의 제재금 또는 벌금의 성격이다. 사소한 위반 사항조차도 위약벌 지급 사항으로 만들어 '투자 원금의 n%를 벌금으로 한다'는 식의 과도한 위약벌 조항은 피해야 한다.

상환권

돈을 잘 버는 회사가 IPO를 안 하고 매각도 안 하는 경우에는 투자자들이 투자금을 회수하기 힘든 상황이 된다. 이런 경우를 대비해 상환에 대한 의무를 두는 것이다. 상환권은 보통 투자 원금에 10~20% 연 복리 이율을 적용하여 배당 가능한 이익이 있을 때, 주총 특별 결의를 통해 상환 요청이 가능하다.

전환권

일반적으로 유가 증권의 소유자가 보통주로 전환을 청구할 수 있는 권리다. 전환권이 부여된 유가 증권은 통상 그렇지 않은 경우보다 유리한 조건으로 발행할 수 있다. 투자자와 창업자 사이의 미래 회사 가치에 대한 이견을 줄이기 위한 방법으로, 투자하고 싶은데 서로 확신이 부족할 때 주로 사용된다. 전환권의 조건에는 매출액, 영업 이익 등을 활용한 리픽싱이 있다. 스타트업의 입장에서는 투자자와 합의한 실적을 달성하지 못할 경우 투자자가 전환사채를 주식으로 전환할 수 있어서 경영권에 문제가 발생할 수 있다.

태그 어롱(Tag Along)

이해관계인(주로 창업자를 포함한 주요 경영진을 말함)이 자신의 지분을 제삼자에게 매각하려고 할 경우 투자자가 이해관계인에게 본인의 주식도 함께[Along] 처분해 달라고 요구[Tag]할 수 있는 권리다. 이 경우 이해관계인이 투자자의 주식도 함께 처분해야 할 의무를 부담케 함으로써 투자자의 회수를 보장하게 하는 수단이다.

드래그 어롱(Drag Along)

주주가 자기 주식을 매도할 때, 다른 주주의 주식도 거래에 끌어들여서[Drag] 같은 조건으로 같이[along] 매도할 수 있도록 하는 권리다. 주로 투자자들이 투자 이후 회사의 사정이 좋아지지 않거나, 대주주의 경영 능력이 개선되지 않는 경우 제삼자에게 매각을 통하여 엑시트하기 위해서 대주주의 지분을 동반[along]하여 거래의 가능성을 높일 수 있는 장치다. 이해관계인에게는 매우 불리한 조항이다.

주식의 종류

보통주

우선주·후배주^{後配株}·혼합주 등과 같은 특별 주식에 대립하는 일반적인 주식을 말한다. 보통 주주는 주주 총회에서 임원의 선임 및 기타 사항에 대해 주식의 소유 비율 만큼 의결권을 행사할 수 있으며, 이익 배당을 받을 권리가 있다. 일반적으로 주식이라고 할 때는 보통주를 말하며, 회사가 단일 종류의 주식만을 발행하는 경우에는 그 주식 모두가 보통주가 되므로 특별히 이 명칭을 붙일 필요는 없다.

상환권이나 전환권 등이 없기 때문에 스타트업 입장에서 유리한 주식이다. 반면에 투자자 입장에서는 손실 위험을 부담해야 하고 전환권이나 상환권을 요구할 수 없으며 잔여 재산 분배에 확정적인 지위를 갖지 못하기 때문에 불리하다.

우선주

주주의 권리는 주식의 수에 비례해 정해지고, 주식의 내용은 모두 평등한 것이 원칙이다. 그러나 상법은 주주 평등의 원칙에 대한 예외를 규정하고 있는데, 이를 우선주라고 한다. 즉 이익의 배당, 잔여 재산의 분배, 주주 총회에서의 의결권 행사, 상환 및 전환 등에 관하여 보통주^{Common Stock}보다 권리가 우선하는 주식을 우선주^{Preferred Stock}라고 한다.

상환전환우선주

일반적으로 시리즈 A 이상의 투자를 받을 때는 상환전환우선주^{RCPS: Redeemable Convertible Preferred Stock}를 발행하는 경우가 대부분이다. 상환전환우선주란, 상환과 전환에서 보통주보다 우선적인 권리를 갖는 주식을 말한다. 실제 투자 계약에서 상환전환우선주의 세부 내용을 살펴보면, 이익의 배당, 잔여 재산의 분배, 상환 및 전환 모두에 관하여 우선적인 권리를 갖는다는 내용이 대부분이다.

창업자 또는 회사 입장에서는 보통주를 발행하는 것이 좋지만 계약상 '갑'의 위치인 투자자는 자기에게 보다 유리한 우선주의 발행을 요구하는 게 대부분이어서 어느 정도는 감수해야 한다.

전환 사채

사채권자에게 전환 기간 내에 주어진 전환 조건에 따라 당해 사채 발행 회사의 주식으로 전환할 수 있는 권리(전환 청구권)가 부여된 사채다. 전환권 행사 이전에는 확정 이자를 받을 수 있는 사채로 존재하고, 전환권 행사 이후에는 사채가 소멸되고 영업 실적에 따른 배당을 받을 수 있는 주식으로 전환됨으로써 확정이자부채권임과 동시에 잠재적으로 주식으로서의 이중성을 지닌 유가 증권이다.

투자 유치에 도움되는
다양한 팁

이번 장에서는 여러 차례의 투자 유치 작업과 시행착오를 거치면서 알게 된 다양한 팁을 소개하고자 한다. 나 역시 처음에는 투자 유치에 대해 아무것도 몰랐기 때문에 10권이 넘는 책을 보면서 공부도 하고 인터넷을 통해 다양한 콘텐츠를 봤으나 대부분 뻔한 이야기였다. 유튜브 콘텐츠는 수박 겉 핥기 정보의 재탕 삼탕이었고 어디 하나, 누구 한 명 속 시원하게 알려 주는 곳이 없어 힘들었다. '명문대를 가려면 어떻게 공부해야 하나?'라는 질문에 '국영수 위주로 열심히 예습, 복습하라'고 교과서적인 답변만 많은 것과 유사했다.

물론 나의 경험이나 지식이 정답이 아니고 스타트업과 투자 회사 간의 특수성이 있겠지만 다수의 심사 역에게 검증받는 내용이니 참고하여 시행착오를 줄이고 투자 유치를 성공적으로 하길 바란다.

투자 유치는 토너먼트나 리그전이 아니다

투자 유치는 100명을 만나서 99명이 거절하더라도 1명만 오케이를 해 주면 되는 게임이다. 재미있는 것은 그 1명이 다시 여러 투자자를 데려와서 클럽 딜Club Deal을 만들어 주기도 한다. 클럽 딜은 최소 둘 이상 다수의 투자자가 한 기업에 투자를 동시에 하는 방식으로, 투자자들 간에 서로 투자 타당성 및 현장 점검Due Diligence에 대한 정보를 공유하고 공동으로 투자함으로써 투자 위험성을 낮추는 동시에 전체 투자 규모를 키울 수 있는 장점이 있다.

투자 유치 작업은 토너먼트도 아니고 리그전도 아니다. 대신 그 1명의 투자자를 만날 때까지 거절에 익숙해져야 하고 멘탈 관리를 잘해야 한다. 때로는 '아님 말고' 정신도 필요하다. 반대로 1명이 거절하고 99명이 좋다고 하더라도 투자를 다 받아 줄 수도 없다.

투자 유치는 긴 시간과의 싸움이다

투자 유치는 창업자 또는 경영진의 리소스가 최소 3개월에서 1년 가까이 소요되는 험난한 과정이다. 따라서 법인 통장에 최소 10개월 이상 버틸 수 있는 자금이 있는 상황에서 투자 유치 작업을 시작해야 한다. 잔고가 줄어들고 상대방이 이 상황을 활용한다면 당신의 협상력은 점점 떨어지고 회사 가치는 시간이 지날수록 낮아질 것이다.

따라서 우리 회사가 매출은 없이 비용만 발행하고 있다면, 최대한 비용을 절감하고 BEP를 넘긴 뒤 협상하는 것을 추천한다. "시간이 돈이다"라는 말이 있다. 펀딩을 하다 보면 이 말의 무게를 절절히 느낄 것이다. 시간이 누구의 편이냐에 따라 협상력이 달라진다. 투자 유치는 시간이 힘이고 돈인 게임이다.

예비 창업자라면 무턱대고 사업자 등록부터 하지 마라

정부 지원 사업 중에 예비창업패키지가 있다. 말 그대로 아직 사업자 등록을 하지 않고 준비하는 창업자들에게 도움을 주기 위한 지원금이다. 지원 대상이 '공고일 기준으로 신청자 명의의 사업체(개인, 법인)를 보유하고 있지 않은 자'이기 때문에 최대 1억 원(평균 5,100만 원)의 정부 자금 수혜를 받고자 한다면 예비창업패키지에 선정된 이후에 사업자 등록을 해도 늦지 않다.

벤처 캐피털의 투자 판단 기준은 극도로 주관적이다

스타트업에 대한 투자는 체크 리스트나 평가표가 있어서 항목별로 점수를 합산하여 일정 점수 이상이 되면 투자를 하고 안 되면 안 하는 시험 같은 것이 아니다. 물론 팀이나 성과가 가장 중요하지만 이외에 비경영적이고 비논리적이며 주관적인 요소가 많이 개입되는 것이 사실이다. 따라서 VC들과 긴 시간 교류를 통해 신뢰를 쌓는 것이 중요하다.

VC들에게는 두 가지 상황에 대한 스트레스가 있다

투자를 한 스타트업이 잘 안 돼서 투자금 회수를 제대로 못 하는 것과 성공 가능성이 높은 스타트업에 제때 투자를 하지 못해 돈을 벌 기회를 놓치는 것이다. VC에 근무하는 대다수의 심사 역과 파트너도 결국은 직원이기 때문에 돈을 벌어 와야만 경력이 좋아지고 승진도 하며 인센티브도 받는다. 프로 야구 선수들처럼 이들에게도 타율이 중요한 것이다. 스타트업 입장에서는 이 상황을 이해하고 역지사지로 펀딩 작업을 하는 것이 유리하다.

벤처 캐피털 시장은 아직까지도 극심한 그들만의 리그가 중요하다

매우 폐쇄적이고 좁은 시장이며 쉽게 들어갈 수도 없다. 지인 기반으로 투자가 이뤄지는 경우도 많고 특히 학연이 매우 중요하다는 불편한 진실이 존재한다. 또한 워낙 좁기 때문에 한두 명의 심사 역과 마찰이 있거나 안 좋은 이야기가 나오기 시작하면 빠른 시간에 VC 업계 전체에 퍼져 투자를 받기가 힘들어질 수 있다. VC 심사 역만 수백 명 모여 있는 커뮤니티나 단톡방이 있는데 거기에서 많은 정보가 교류되고 많은 스타트업이 투자받을 기회가 생기기도 하며 반대로 조용히 사라지기도 한다. 어쩔 수 없다. 현실을 직시하고 받아들여야 한다.

무턱대고 전화나 이메일 하지 말자

콜드 콜Cold Call: 무턱대고 홈페이지에 나와 있는 대표 번호로 전화하는 것이나 콜드 메일마찬가지로 홈페이지에 나와 있는 대표 메일 주소로 이메일을 보내는 것은 성공률이 제로에 가깝다고 보면 된다. 이런 방식이 아니어도 너무도 많은 사업 계획서를 전달받기 때문에 대부분 나중에 연락하겠다고 하고 끊든지 아니면 스팸으로 처리된다. 입장을 바꿔 생각해 보면 하루에도 몇 번씩 보험 회사나 상조 회사 등에서 가입 유도 전화가 오는데 대부분 가입하지 않는 것과 유사한 것이다.

따라서 가능하다면 사돈의 팔촌까지라도 동원해서 투자 담당자가 알고 있거나 신뢰하는 누군가의 소개를 통해 첫 미팅을 마련하는 것이 가장 유용한 방법이다. 정 아는 사람이 없다면 각종 스타트업 관련 모임, 밋업, 오피스 아워 등을 활용하여 VC

의 명함을 받고 따로 연락하는 것이 좋다.

투자자의 말에 너무 휘둘리지 말자

IR 미팅을 하면 심사 역들이 질문뿐만 아니라 이런저런 조언이나 시장과 산업에 대한 이야기를 많이 해 줄 것이다. 문제는 30명을 만나면 30명이 대부분 다른 이야기를 한다는 것이다. 처음 한두 번 만날 때는 그들의 말이 사실이고 무조건 따라야 하는 법률처럼 느껴지지만, 많이 만날수록 혼란스러워진다. 누군가는 아이템은 좋은데 시장 규모가 작다고 하고 누군가는 시장 규모는 괜찮으나 아이템이 약하다고 한다. 당신이 당신의 사업에 절박한 심정으로 밤낮 고민하고 노력해 왔다면 오늘 만난 심사 역은 당신의 IR 발표를 듣고 이제 30분 정도 생각하고 이야기한 것이다. 그러니 개인마다 의견이 다를 수밖에 없다. 참고는 하되 너무 휘둘리지 말고 취사선택하면서 끝까지 방향을 잃지 말고 밀고 가자.

투자자는 대체로 '안 된다'고 하는 게 본업인 사람들이다

창업 팀이나 초반 성과만 보고 스타트업의 미래 성장 가능성에 투자한다는 것은 매우 위험한 일이다. 확률적으로 보면 투자를 안 하는 게 맞다. 그만큼 투자 실패가 많다는 것이다. 그렇기 때문에 대부분의 VC는 보수적으로 생각하고 판단하는 성향이 있다. 일단 '이 사업은, 이 회사는 안 된다'는 가정에서 출발하여 될 만한 이유를 찾는다.

어떤 투자자는 자기는 IR 미팅을 하면 무조건 안 된다고 한단다. 통계적으로 안 되는 확률이 높기 때문에 대부분 자기 말이 맞고, 될 사람은 자기가 안 된다고 해도 해낼 사람이며 자기 말을 믿고 포기하는 사람은 뭘 해도 안 될 사람이라는 것이다.

무서운 이야기다. 따라서 창업자에게는 융통성이나 오픈 마인드도 필요하지만 때로는 남들이 안 된다고 하는 것을 이겨 낼 일종의 뚝심과 고집도 필요하다.

투자자를 스토킹하지 마라

만약 VC로부터 다음과 같은 뉘앙스의 피드백을 받았다고 하자. 뭔가 확실한 거절이 아니라 조금만 노력하면 투자를 받을 수 있을 거라는 희망 고문을 하게 된다. 긍정적으로 생각하는 것은 좋으나 이런 경우에는 완곡한 거절의 표현이니 다른 투자 회사를 알아보는 것이 좋다.

"대표님이나 창업 팀은 정말 마음에 들지만, 좀 더 지켜보고 싶습니다."

→ 확 매력적이지는 않네요.

"펀드가 대부분 소진되어 투자하기 어렵습니다. 신규 펀드가 조성되면 연락드리겠습니다."

→ 대부분 연락 안 준다.

"이 사업과 회사에 관심이 많습니다만 좀 더 성장한 후에 다시 연락 주시면 감사하겠습니다."

→ 성장이 안 될 거라고 생각하는 것이다.

"정말 투자하고 싶지만 저희 펀드와 성격이 맞지 않네요."

→ 펀드의 주목적에만 100% 투자해야 하는 것은 아니다.

"저희가 리드를 서기는 어렵고 리드 투자자가 나타나면 한번 생각해 보겠습니다."

→ 아직 긴가민가하는 상황이고 리드 투자자가 나타나면 또 다른 평계를 댈 가능성이 높다.

결국 모든 말에 숨은 진짜 의미는 '당신네 제품이나 서비스가 크게 성공할 것처럼 보이지 않아요. 최소한 이번 라운드, 올해 안에는 당신의 회사에 투자하지 않기로 결정됐습니다'라는 뜻이다. 상황 파악을 못 하고 조금씩 보완하면서 매주 연락하고 투자자를 귀찮게 하는 것은 마치 상대방에게 고백했다가 거절당했는데도 끊임없이 연락하고 찾아가면서 스토킹을 하는 것과 같다. "열 번 찍어 안 넘어가는 나무 없다"라는 말은 이제 남녀관계에서도, 투자 시장에서도 통하지 않는다. 투자자의 애매한 말에 현혹되어 괜한 기대를 해서 계속 자료를 만들고 전화하고 찾아다니지 마라. 그 시간에 제품과 서비스를 개선하라.

협상할 때 회사의 밸류를 너무 높이려고 하지 마라

사업 아이템이나 창업 팀이 훌륭하고 성과가 어느 정도 나와도 밸류에이션 과정에서 딜이 깨지는 경우가 많다. 스타트업 입장에서 고밸류로 높은 금액의 투자를 받고 싶은 마음은 이해하지만 이번 라운드에서 너무 높은 밸류로 투자받으면 다음 펀딩 작업이 어려워질 수 있다.

예를 들어 이번 라운드에서는 50억 원 밸류가 적정한 수준이고 다음 라운드에서 100억 원 밸류로 투자받는 것이 누가 봐도 바람직한데 욕심이 생겨 이번에 80억 원 밸류로 투자를 받는다면 다음 라운드 때 100억 원은 명분과 실익이 모두 애매하고 150억 원은 너무 높아서 아무도 투자를 안 하는 일이 발생한다.

따라서 투자자가 투자를 하겠다고 의견을 줬는데 밸류나 투자 금액이 기대에는 못 미치지만 말도 안 되는 불합리한 금액이 아니라면 웬만하면 받아들여라. 기회는 쉽게 오지 않는다. 이번 투자자가 리드를 서주면 갈팡질팡하던 다른 투자자들도 투자 결정을 좀 더 쉽게 하게 되어 클럽 딜을 만들어 낼 수 있다.

투자받고 싶은 VC에 대한 사전 이해가 필요하다

VC가 스타트업을 어느 정도 파악하고 만나듯이 스타트업도 VC를 조사해야 효율적이고 의미 있는 미팅이 될 수 있다. 다음 사항들을 알아 둔다면 불필요한 시간을 줄이고 투자 확률을 높일 수 있다.

- 최근 결성한 펀드 존재 여부(창업투자회사 전자공시시스템 참조)
- 의사 결정 체계
- 주요 투자 분야-투자 확률
- 주요 투자 단계
- 투자 금액 최솟값 / 최댓값
- 투자 후 일하는 방식-사외 이사 요청 여부 등
- 파트너들의 평판
- 포트폴리오 회사들의 피드백

투자 유치는 대표 이사가 직접 챙겨라

간혹 대표 이사가 너무 바쁘다거나 또는 다른 비즈니스가 있다거나 하는 등의 이유로 투자 유치 작업을 공동 창업자나 재무 담당 이사 등에게 맡기는 경우가 있다.

이런 경우 투자 회사들이 기분이 상하거나 대표 이사에 대한 신뢰도가 떨어질 수 있다. 가능하다면 대표 이사가 직접 투자 유치의 모든 것을 챙기는 것이 좋다. IR 덱은 다른 사람들이 도와줄 수 있으나 발표를 대표 이사가 해야 하므로 결국은 본인이 모든 장표와 문구 하나하나마다 신경 쓰고 마무리까지 해야 한다.

투자 회사를 만날 때 가능하면 임원이나 파트너급을 만나라

투자 회사의 특성상 신입 사원을 뽑는 케이스는 드물지만, VC도 회사이기 때문에 당연히 사원, 대리 같은 주니어가 있기 마련이다. 물론 스타트업에서는 주니어 심사 역을 만나는 것만으로도 감사한 일이지만 주니어 심사 역을 통해서 투자 딜을 진행하면 투자 회사 내부에서 임원을 설득하고 의사 결정을 받기까지 적지 않은 시간이 필요하다.

앞서 말한 대로 VC는 산업의 특성상 보수적으로 생각하는 성향이 강하기 때문에 밑에 심사 역이 투자 딜을 들고 오면 일단 부정적인 시각에서 출발한다고 보면 된다. 일반 직장에서도 상사에게 보고할 때 '그게 되겠니?' 한마디에 주눅이 들고 포기하게 되는 경우가 많은데 투자 회사는 수억 원에서 수십억 원 또는 그 이상에 대한 의사 결정이다 보니 설득하기가 좀 더 쉽지 않다고 보면 되겠다. 주니어 심사 역이 소신과 뚝심을 갖고 임원이나 파트너들을 설득해야 하는데 사실 자기 사업도 아니고 그렇게까지 본인의 크레딧^{Credit: 신용}을 팔아 가면서 설득할 필요가 없는 것이다.

따라서 주니어 심사 역들과 투자 딜을 시작하면 임원들을 설득하지 못해 드롭되는 경우가 많고 반대로 임원이나 파트너급의 VC를 만나게 되어 좋은 시그널을 받는다면 내부 승인을 받는 데 그리 오랜 시간이 걸리지 않으니 참고하길 바란다.

투자자와 논쟁하지 마라

혹시라도 VC를 가르치려 들지 마라. 논쟁은 더더욱 안 된다. 대한민국의 VC는 대체로 명문 대학을 나온 우수한 인재가 많고 변호사나 공인 회계사 같은 전문직도 많으며 창업자보다 경험과 노하우가 많은 편이다. 특히 사업 분석 능력이나 숫자 감각에서는 타의 추종을 불허하는 최고의 직군일 것이다. 이런 사람들을 가르치려드는 것은 상대방을 무시하는 행동이 될 수 있다. 창업자는 을의 입장에서 투자자를 설득하는 사람이지 동등한 입장에서 토론하는 사람이 아니라는 것을 명심하길 바란다.

투자 유치 작업에 올인하지 마라

첫 미팅에서 좋은 인상을 남기는 것도 중요하지만 서로를 알아가고 논의해 가는 3개월에서 6개월 남짓의 기간 동안 회사가 유의미하게 성장하는 모습을 보여 주는 것이 매우 중요하다. 문제는 투자 유치 작업이 리소스나 시간이 많이 드는 일인데 대표 이사나 핵심 인력들이 여기에 올인하면 본업인 회사가 성장하지 못하는 우울한 상황이 된다. 당연히 회사가 성장하지 못하면 투자 유치는 점점 더 멀어지게 된다. 따라서 소를 키우면서 투자 유치 작업을 하길 바란다. 미안하지만 시간이 없다는 핑계는 대지 말자. 잠을 줄이는 수밖에 없다.

때로는 포기할 줄도 알아야 한다

1년 가까이 하늘을 우러러 한 점 부끄럼 없이 정말로 열심히 펀딩 작업을 하고 성과도 냈는데 한 곳의 투자 회사로부터도 좋은 피드백을 받지 못하고 텀시트를 받지 못했다면 투자 유치 전략뿐만 아니라 현재 하고 있는 비즈니스에 대해서 처음부터 다시 검토할 필요가 있다. 1년이나 아무런 입질이 없었는데 동일한 비즈니스, 동일한 창업 팀, 동일한 IR 덱, 동일한 발표자로 투자 유치를 받겠다는 것은 욕심일 수 있다. 아인슈타인은 "어제와 똑같이 살면서 다른 미래를 기대하는 것은 정신병 초기 증세다"라고 말했다. VC들의 피드백을 들으면서 계속 IR 덱을 수정하고 사업 전략을 수정하며 심지어 피버팅도 고려해 봐야 한다.

추가로 자신감이 있는 것은 좋으나 확률로 보면 투자가 안 될 가능성이 더 많기 때문에 투자가 되지 않았을 때를 대비해서 플랜 B를 준비해 놓고 진행해도 좋다. 주요 내용으로는 생존을 위해 비용을 절감하는 형태가 될 것이며 여기에는 힘들겠지만 인력 감축 계획이나 급여 삭감, 사무실 이전, 사업 축소, 자산 매각 등 뼈아픈 내용이 들어갈 것이다. 개인의 유서처럼 청산 절차에 대해 준비를 해 놓는 것도 의미 있을 것이다.

끝날 때까지 끝난 게 아니다

투자 계약서를 작성하면 모두 끝난 것 같겠지만 끝날 때까지 끝난 게 아니다. 투자 계약서를 날인하고 입금 기간까지 대략 1개월 내외가 소요되는데 그사이에 취소되는 경우도 종종 있으니 신중해야 한다. 계약서를 썼으니 법적으로 따져서 투자금을 받아 내면 되지 않느냐고 할지 모르지만 초특급 갑인 투자 회사에 소송을 거는 것도 힘들고 업계에 안 좋은 소문이 나는 것도 리스크다. 후일을 도모하기 위해서라도 그냥 넘어가는 스타트업이 많다는 점을 직시해야 한다.

투자 유치는 성공이 아니라 과정이다

각종 매체에서 어떤 스타트업이 '300억 원을 투자받았다', '500억 원을 투자받았다' 하면서 핫이슈로 치켜세우는 것을 본다. 그리고 간혹 그런 회사의 대표를 만나

보면 어깨에 뽕이 잔뜩 들어가 있는 경우도 많다. 심지어 어중이떠중이한테 연락 오는 게 귀찮다며 명함에 핸드폰 번호를 안 넣은 사람들도 있었다.

물론 대단하다. 이 정도의 거금을 투자받았다는 것은 그 뒤에 수많은 노력과 성과가 있음을 의미하고 그 수준까지 가는 스타트업이 사실 거의 없다. 하지만 투자 유치는 결국 남의 돈을 가져온 것이지 회사가 성공한 것이 아니다. 투자 유치는 그 자체로 성공을 의미하는 것이 아니라 더 큰 성장을 위해 자금 조달을 하는 과정이며 결국 흑자를 내고 좋은 회사를 만들고 상장이나 매각을 하기 위한 밑거름인 것이다. 100억 원을 투자받았다고 100억 원이 자기 돈인 줄 아는 대표들이 꽤 있는데 착각하지 말고 끝까지 겸손하고 교만하지 말자.

5.

start-up etc.

알아 두면 좋은
스타트업의 모든 것

몇 번 넘어진 것이 중요한 것이 아니라

당신이 몇 번 일어섰느냐가 더욱 중요하다.

_아브라함 링컨

창업 전문가의
잘못된 훈수를 피하라

요즘 스타트업 월드에는 소위 '창업 전문가'라는 사람이 너무 많다. 과거에는 프랜차이즈 업계나 소자본 창업 분야에 많았는데 스타트업 열풍이 불면서 이 분야까지 활동 영역을 넓혀 가고 있다. 창업 전문가들은 대학교수부터, 투자자, M&A 전문가, 들어서 알 만한 대기업 직원 또는 은퇴한 사람까지 다양한 부류가 있다.

각종 스타트업 관련 행사에서 만난 대부분의 창업 전문가들은 해당 분야에서 경험이 많고 창업자에게 도움이 될 만한 사람들이었다. 하지만 일부 창업 전문가는 본인이 창업을 해 본 적도 없고 투자 유치 경험도 전혀 없는 대신 강의, 멘토링, 심사, 방송 출연, 자문 등의 이력으로 화려하다. 퍼스널 브랜딩의 귀재들이다. 유튜버로 유명한 창업 전문가 중에는 존경받아 마땅한 사람도 많지만 남의 콘텐츠를 베껴서 재탕 삼탕 만들고 창업 전문가 코스프레를 하는 이도 점점 많아지고 있다. 물론 이 것도 능력이겠지만 이야기를 들어 보면 실질적인 내용보다는 대체로 책에서 읽은 원론적인 이야기가 많다.

창업을 해 보지도 않고 투자 유치나 성공 경험도 없는데 어떻게 창업 전문가가 될 수 있는지 참 궁금하다. 태권도를 배우지 않고 태권도 사범을 하는 것처럼 느껴진 다. 아니면 글로 배운 연애라고 해야 할까? 반면에 창업을 해서 크게 성공한 사람들 은 창업 전문가라고 나대지 않고 오히려 겸손한 분들이 많다. 이들은 엑시트의 크기 에 따라 다르지만 투자 회사를 차리는 사람도 있고 또다시 창업해서 연쇄 창업자의 길을 가기도 한다.

물론 옆에서 훈수를 두면 게임에 매몰되지 않고 좀 더 객관적인 입장에서 다양한 경우의 수가 보이는 것은 인정한다. 다만 그것도 경기에 임하는 선수들과 비슷한 수 준의 실력이 있을 때 가능한 이야기다. 최근 들어 창업자가 하는 고민의 1만 분의 일 도 안 한 창업 전문가들이 얕은 지식과 경험으로 또는 옳지 않은 의도를 갖고 잘못된 훈수를 두었을 때 발생하는 문제가 너무도 많다는 점에서 주의할 필요가 있다.

특히 나이가 어린 대학생 창업자나 경험이 적은 초기 창업자들이 창업 전문가를 잘못 만나 올바르지 않은 사업 방향이나 전략을 짜는 경우가 많다. 심지어 창업 초기 저밸류일 때 적지 않은 지분을 주어 나중에 문제가 된다거나 정부 지원 자금 또는 투 자 유치를 명목으로 수수료를 주는 경우도 많이 봤다. 오죽 이런 사람이 많으면 중소 벤처 기업부에서 운영하는 '창업넷^{k-startup.go.kr}'에 '창업지원자금 불법 브로커 주의'라는 팝업창이 뜰까?

멘토링을 해 주는 창업 전문가가 아무리 뛰어난 사람이더라도 창업자만큼 해당 비즈니스에 대해 알지도 못하고, 고민도 하지 못한다. 만약 창업 전문가가 창업자보다 더 많이 알고 있다거나 더 많은 고민을 한다면 그건 창업자가 뭔가 잘못하고 있다는 뜻이다.

창업을 해 보지 않은 창업 전문가가 많은 것도 문제지만 창업 전문가가 실제로 창업을 해 봤고, 투자나 엑시트의 성공 경험이 있는 경우에도 조심스럽게 소통해야 한다. 당연히 창업 경험이 없는 사람보다는 다양한 형태로 도움이 될 수 있으나 창업 전문가가 경험할 때와 지금은 모든 상황이 다를 것이다. 특히 IT 기반의 스타트업 월드에서 6개월은 6년과 같아서 과거의 영광과 경험이 모든 정답을 내줄 수 없다. '내가 다 해 봤으니 알려 주는 대로 하면 성공한다'는 꼰대식의 멘토링이나 컨설팅은 초기 스타트업에 심각한 문제가 될 수 있다.

따라서 창업자는 누군가에게 잘 흔들리지 않을 본인만의 소신과 뚝심이 필요하다. 고집과 아집이 아닌 합리적이며 보편타당한 자신만의 비즈니스 철학이 필요하다. 본인이 해결하고 싶었던 고객의 문제와 솔루션에 집중해서 밀고 나가야 한다.

다른 사람의 말을 경청하고 좋은 의견을 수렴하는 것은 바람직하나 절대로 창업 전문가의 의견에 팔랑귀가 돼서는 안 된다. 외부 전문가들의 자문이나 멘토링은 가려서 조심스럽게 받고, 참고는 하되 사업의 큰 방향을 정하거나 투자 유치를 할 때는 창업자 자신의 고민과 노력으로 이뤄 내길 바란다.

창업자의 제품이나 서비스에 대한 피드백은 창업 전문가가 주는 것이 아니라 고객이 주는 것이다. 창업자들이 너무도 외롭고 힘든 긴 싸움에 지쳐, 때로는 너무도 절박하여 누군가에게 의존하고 싶은 마음은 이해한다. 하지만 그것 또한 이겨 내야 하는 것이 창업의 한 과정이고 숙명이다. 그래야만 더욱 강한 CEO가 될 수 있고 강한 기업을 만들 수 있다.

스타트업과 코워킹 스페이스

코워킹 스페이스$^{\text{Co-working Space}}$란 우리말로 공유 사무실 정도로 표현할 수 있다. 여러 사람이나 회사가 한 공간에 모여 일하는 것을 말한다. 요즘에는 사무 공간을 제공하는 것뿐만 아니라 가구, 음료, 인터넷 등 업무에 필요한 제반 환경을 모두 제공해서 밀레니얼 세대에게 인기를 끌고 있다. 정말로 노트북 한 대만 들고 가면 일할 수 있는 모든 것이 갖춰져 있다고 보면 되겠다. 대표적인 회사로는 '위워크'와 '패스트파이브', '스파크플러스' 등이 있다.

대체로 공유 사무실 사업을 하는 업체가 빌딩의 전부 또는 일부를 장기 임대하여 프리랜서 같은 개인이나 소규모 회사에 단기로 작게 나눠 재임대해 주는 방식으로 진행된다. 우리말로 전대轉貸: 빌린 것을 남에게 다시 빌려줌의 개념으로 영어로는 서블렛^{Sublet}

형태의 사업이다. 쉽게 '쪼개 팔기'라고 생각하면 된다. 도서관처럼 오픈된 장소에서 아무 데나 앉아서 일할 수 있는 상품도 있고 1인실부터 최대 수백 명까지 독립 공간을 제공하는 다양한 형태의 상품이 존재한다. 가격은 업체, 위치, 상품마다 다소 차이가 있지만 1인 기준으로 저렴한 곳이 30만 원대에서 비싼 곳은 60만 원대까지 다양하다.

사용자를 위한 코워킹 스페이스

전 세계적으로 창업 열풍이 불면서 소규모 스타트업이 많아졌고 이들이 코워킹 스페이스의 주요 고객이 되고 있다. 또한 과거에는 온종일 시끄러운 카페에서 커피 한 잔을 시켜 놓고 눈치를 보며 근무하거나 공부하던 카공족들도 코워킹 스페이스를 많이 찾고 있다. 사용자 입장에서는 다양한 장점이 있지만, 무엇보다 합리적인 비용으로 쾌적한 사무 공간에서 다른 데 신경 쓰지 않고 업무에 집중할 수 있다는 것이 가장 큰 장점이다.

아는 바와 같이 자체 사무실을 운영하다 보면 공간을 임대하고 운영하고 유지하기 위해 발생하는 시간과 비용이 만만치 않은데 이런 문제들이 모두 해결되기 때문에 매우 편리하다.

운영 업체마다 다르기는 하지만 대부분 개별 인원에 맞는 사무 공간을 포함하여 다양한 규모의 회의실은 물론 프린터, 팩스 같은 복합기와 각종 사무기기 등을 공동으로 사용할 수 있는 비즈니스 라운지를 제공한다. 또한 커피나 맥주를 무료로 제공하는 휴게실 등을 비치해 업무의 효율성을 높이고 사무실을 운영하는 데 드는 시간과 비용을 절약해 준다.

다음으로는 공간의 효율적 사용에 따른 임차 비용을 절감할 수 있을 뿐만 아니라 임대료가 고정돼 있어서 매년 임대료 인상을 걱정할 필요가 없다는 것이다. 또한 임대차 계약이 월 단위로 체결되기 때문에 갑작스러운 경제 환경 변화에 유연하게 대처할 수 있고 가격 정책이 투명하여 매년 임대료 협상을 할 필요가 없다.

또한 단순히 하드웨어적인 면의 사무실을 공유할 뿐만 아니라 소프트웨어 면의 지식 공유, 인맥 형성, 멘토링, 교육 등까지 지원되는 추세라서 다양한 부가 서비스를 받을 수 있다. 공간적인 서비스 외에도 주소지를 빌려주는 주소지 제공 서비스 및 전화 응대, 우편물 관리 등 가상 오피스 서비스를 지원하는 곳도 있다.

코워킹 스페이스와 일반 사무실의 비교(4인실 기준)

*업체, 지역마다 다를 수 있음

구분	코워킹 스페이스	일반 사무실
보증금	보통 3개월 치	2,000~3,000만 원 내외
월 임대료	1인 기준 30~60만 원 내외 오픈형, 독립형에 따라 다름	200만 원 내외
계약 기간	자유로움 장기 계약의 경우 할인 가능	1~2년
인테리어	별도 비용 없음 (비교적 트렌디한 인테리어)	별도 비용 발생
회의실	다양한 사이즈 제공 (일정 시간 초과 시 유료 사용)	별도 설치 필요
휴게 공간	별도 설치 필요 없음	별도 설치 필요
커피 또는 음료	무상 제공	별도 구매 필요
공과금(전기 / 수도 등)	별도 비용 없음	별도 비용 발생
청소	업체에서 해 줌	알아서 해야 함

나의 경험과 제안받았던 견적서를 기준으로 코워킹 스페이스와 일반 사무실을 비교해 봤다. 절대적인 기준의 좋고 나쁨이 없기 때문에 회사의 규모나 인원수, 재무 상황, 투자 유치 현황 등에 따라 최적의 사무실을 구해야 한다. 코워킹 스페이스가 대부분 고객의 편의성을 위해 대로변과 역세권에 위치하기 때문에 일반 사무실 역시 비슷한 지역의 기준으로 비교했다.

지금부터는 정말 아끼는 선배나 후배 창업자가 코워킹 스페이스에 들어가도 되는지 문의했을 경우 내가 해 줄 수 있는 조언이다. 반대 의견도 많겠지만 지극히 개인적인 생각이고 케이스 바이 케이스이니 참고만 하길 바란다.

코워킹 스페이스에 들어가야 하는 이유

- 트렌디하고 힙한 공간에서 힙한 사람들과 일하며 본인도 따라가는 느낌
- 창의성이 마구 발휘될 것 같은 고급스러운 인테리어와 소품들
- 심지어 잠도 잘 수 있을 법한 깨끗하고 예쁜 화장실
- 손님이 찾아왔을 때 빛을 발하는 커피와 맥주와 다양한 서비스
- 다른 스타트업들과의 협업
- 채용의 용이성, 코워킹 스페이스에 입주해 있는 회사만 지원하는 사람들도 있다고 함
- 네트워크 행사의 긍정적 활용
- 사무실 유지 관리를 위한 각종 총무성 업무와 스트레스로부터 해방

코워킹 스페이스에 들어가면 안 되는 이유

- 부가 서비스가 많지만 어쨌든 절대적으로 비쌈

각종 부가 서비스와 가성비를 고려해도 비싸다. 스타트업이라면 대로변이나 역세권이 아니라 이면 도로, 역에서 좀 먼 곳의 사무실 비용과 비교해야 한다. 4명 기준이라면 아무리 강남이어도 100만 원 이하로 충분히 찾을 수 있다.

• 험블Humble함이 결여될 수 있음

스타트업, 특히 초기 단계의 스타트업에는 약간의 험블함도 필요하다고 생각한다. 창업 초기부터 모든 게 갖춰진 호화로운 인테리어의 코워킹 스페이스에서 일하는 것은 돈도 못 버는데 호텔에서 자는 것과 비슷한 느낌이다. 물론 경우마다 다르고 개인의 마인드가 가장 중요하지만 환경이 사람을 만드는 것도 매우 크다고 생각한다. 스타트업일수록 강한 승부욕과 열정으로 일을 열심히 할 수 있는 분위기를 만들어야 한다고 생각한다.

• 대체로 산만하고 시끄러움

다양한 업종의 수많은 회사가 모여 있다 보니 시끄러울 수밖에 없다. 이런 소음을 화이트 노이즈라고 생각할 수도 있지만 어쨌든 소음은 소음이다. 영업을 위해 아웃바운드 콜Outbound Call을 하루 종일 하는 회사도 있고, 하드웨어를 만들려고 하루 종일 시끄러운 회사도 있다.

특히 코워킹 스페이스가 내세우는 서비스 중의 가장 큰 부분이 커뮤니티 활동이나 네트워킹인데 그래서인지 매주 행사와 밋업이 있고, 요가 강습이나 강연도 참 많다. 수익성을 위해 대관도 하기 때문에 외부 업체와 사람들도 많이 들어온다. 요즘에는 코워킹 스페이스가 많이 힘들어져서 이런 커뮤니티 활동이 많이 줄었다는 이야기도 있다.

- 중도에 나갈 경우 보증금을 받지 못할 수 있음(나의 실제 경험 / 일부 업체)

회사가 투자도 받고 조금씩 안정화된 2017년도 즈음에 모 코워킹 스페이스에서 보증금 수천만 원에 월세 1,000만 원 정도를 내고 25인실을 1년 넘게 사용했다. 그러다가 회사가 힘들어지면서 중간에 나와야 하는 상황이 발생했다. 그래서 국내 부동산 상황만 생각하고 보증금 반환을 요청했더니 계약서에 깨알같이 쓰인 보증금 미반환에 대한 안내를 받았다. 회사가 힘들어서 나가는 마당에 수천만 원까지 못 받으니 너무도 억울하고 분해서 정말 비굴하리만큼 부탁하고 호소했으나 메일로 안 된다는 답변뿐이었다. 마음 같아서는 소송까지 가고 싶었지만, 그들 뒤에는 대형 로펌이 있을 거라는 의견과 걱정에 억울해도 그냥 포기하고 회사를 살리는 데 집중하기로 했다.

- 당신이 경영진이라면 더욱 말리고 싶다

코워킹 스페이스는 말 그대로 여러 회사가 함께 근무하는 곳이다. 전용 공간은 대체로 매우 협소한(책상 간 간격이 110cm 내외) 반면에 공용 공간이 과할 정도로 큰 편이다. 그러다 보니 직원들이 전용 공간이 답답해서 노트북을 들고 자꾸 공용 공간으로 나가게 된다. 급기야 같은 층에 있지 않고 다른 층까지 가게 된다. 파티나 밋업이 있으면 거기에도 한번 가 봐야 한다. 급기야 직원들이 어디에 있는지조차 파악이 안 된다. 이건 뭐 내근도 아니고 외근도 아니다. 나 역시 종종 공용 공간에서 일을 했는데 업무에 집중하기가 쉽지 않았다. 공용 공간에서 회의하는 것은 충분히 이해할 수 있지만, 회의가 아니라 그냥 수다 떠는 사람들, 식사 시간도 아닌데 각종 음식을 먹는 사람들, 이런저런 파티와 밋업, 행사들, 이 모두가 업무를 방해하는 요소였다.

- 커피와 맥주 무한대는 그다지

커피와 맥주를 무한대로 제공한다고 하는데 커피값은 일부 절약이 되지만 맥주는 별 도움이 안 된다. 물론 이 모든 것도 공짜가 아니라 임대 비용에 들어 있는 항목이다. 개인차가 있겠지만 커피나 맥주를 무한대로 준다고 업무 시간에 몇 잔씩 마시는 사람은 없다. 직원들의 말을 들어 보니 대체로 커피는 하루에 2~3잔, 맥주는 일주일에 한 잔 먹을까 말까 했다. 나중에는 제공되는 커피가 질린다며 외부 커피 전문점을 가는 친구들도 봤다. 커피나 맥주 외에도 굳이 꼭 필요하지 않은 것들을 부가적으로 제공하면서 비싸게 받는 느낌이 참 많다.

결국은 누가, 언제, 어떤 상황에서 어떤 마인드로 운영의 묘를 살리는지가 중요한 듯하다. 단점을 최대한 줄이고 극복하면서 장점을 활용한다면 코워킹 스페이스 역시 사무 공간에 대한 좋은 선택지가 될 수 있으니 다양한 각도에서 비교 분석해 보길 바란다.

수평 문화를 만들기 위해
필요한 것들

수평 조직, 수평 문화를 추구하는 회사가 점점 많아지고 있다. 대기업뿐만 아니라 스타트업들도 수평적이고 자율적인 분위기를 강조한다. 채용 공고에 수평 문화라는 표현이 없으면 뭔가 아쉽다. 2002년도에 다음에 입사했을 때도 이미 이름 뒤에 '님'을 붙여서 부르는 호칭 제도가 있었고 현재도 카카오를 비롯한 많은 기업이 영어 이름이나 ○○님으로 부르며 수평 문화를 표방한다. 수평 문화가 자리 잡기 위해 여러 필요한 요소가 있겠지만 다음 세 가지가 절대적으로 필요하다고 생각한다.

창업자나 경영진의 강력한 의지

창업자를 포함한 경영진의 의지가 스타팅 포인트Starting Point다. 특히 대표 이사가 해외 유학을 다녀왔거나 카카오 같은 회사 출신들이 창업한 경우에는 대부분 영어 이름을 부르고 수평 문화를 추구하는 경우가 많다. 다만 수평 문화를 원하면서 의사 결정을 대표 이사 혼자 하는 경우가 많다는 게 함정이다. 수평적이고 자율적인 조직 문화를 만들겠다는 의지가 얼마만큼 강하고 오래 지속하느냐에 성공 여부가 달려 있다고 해도 과언이 아니다.

지치지 않는 인사 담당자의 노력과 헌신

수평적인 문화를 만들자는 방향성이 결정되면 그다음은 인사 담당자의 몫이다. 많은 회사의 수평 문화를 벤치마킹하고 작게는 호칭부터 시작해서 회의 문화, 의사 결정 구조, 커뮤니케이션 방식, 휴가 승인 프로세스, 사내 게시판 운영 등 하나부터 열까지 다 챙겨야 한다.

문제는 직원들이 안 따라 준다는 게 함정이다. 직원들이 안 따라 주니까 성과는 당연히 더딜 수밖에 없다. 어차피 의사 결정은 위에서 다 할 거면서 무슨 수평 문화냐고 반발도 심하다. 경영진은 수평 문화가 자리 잡는 데 오래 걸린다고 뭐라고 하고, 직원들은 반발만 심하고 제대로 안 따라 주니 인사 담당자는 중간에서 너무 힘들다. 그래도 인사 담당자는 끝까지 기다리고 인내해야 한다.

직원들의 적극적인 협조와 약간의 용기

워크숍이나 회식을 할 때 야자 타임을 하는 경우가 종종 있다. 모두가 참여해서 재미있게 놀 것 같지만 현실은 소수의 용기 있는 자들만 앞에 나서서 분위기를 이끌고 대부분의 사람은 후환이 두려워 조용하게 있는다는 게 함정이다. 우리는 어려서부터 가만히 있으면 중간은 간다는 세뇌 교육에 빠져서 대체로 가만히 있는 것에 익숙하다. 정말 대체로 가만히 있는 사람이 너무 많다. 하물며 야자 타임에도 용기가 필요한데 수평 문화를 도입하기 위해서는 구성원의 더 큰 용기가 필요하다. 문화라는 건 소수의 경영진이나 인사 담당자의 노력으로 바뀌는 것이 아니다. 수십 명이든 수백 명이든 조직의 구성원 모두가 적극적으로 의식 있게 참여하는 행동을 보여 줘야 조금이라도 바뀔 수 있다.

이 중 어느 한 가지라도 없다면 수평 문화는 절대로 자리 잡지 못한다는 게 나의 생각이다. 반대로 이 세 가지 없이 생긴 수평 문화는 그리 오래가지 못할 것이다. 오랜 시간 수평 문화를 추구했던 회사 중 아주 극소수의 회사만이 어느 정도 자리를 잡았을 것이고 아마 대부분의 회사는 수평 문화와 수직문화 사이 어딘가에서 표류하고 있을 것이다. 이것도 저것도 아닌 어정쩡한 문화 말이다. 만약 지금 본인의 회사가 수평과 수직 사이 어중간한 위치에서 표류하고 있다면 이 세 가지 요소 중 무엇이 부족한지 고민해 보길 바란다. 언제나 이것도 저것도 아닌 게 문제다. 사랑과 우정 사이처럼.

진정한 수평 조직은
가능할까?

초반에 저조한 시청률로 폐지 이야기까지 나오던 예능 프로그램 〈아는 형님〉은 지금은 10% 전후의 시청률을 기록하며 JTBC의 간판 예능이 됐다. 7명의 고정 멤버를 일반 회사의 직급으로 매칭해 보면 아마도 강호동은 대표 이사, 서장훈과 이상민이 이사급, 이수근은 부장, 김영철은 과장, 김희철과 민경훈이 대리 정도 되지 않을까? 그리고 매주 바뀌는 출연자들이 신입 사원 정도.

경력, 나이, 출신(개그맨, 가수, 운동선수 등)이 모두 다름에도 불구하고 조화롭게 웃음을 만들어 내고 아주 가끔은 감동을 만들어 내는 것을 보면서 정말 멋진 조합이라는 생각을 한다. 근본 없는 예능이라는 새로운 형태의 포맷을 만들고 이런 꿀조합을 만들어 낸 제작진도 존경해 마지않는다.

〈아는 형님〉이 성공적인 프로그램이 된 데는 수많은 이유가 있겠지만 그중에서도 가장 핵심적인 것은 아마도 서로가 이름을 부르면서 반말을 하고 편하게 소통하기 때문일 것이다. 고정 멤버뿐만 아니라 이제 막 데뷔한 아이돌 가수가 연예계에서 무섭기로 소문난 30년 경력의 강호동에게 반말을 하며 그를 들었다 놨다 하는 모습은 우리에게 뭔지 모를 희열감이나 대리 만족감을 준다. 과거 〈스타킹〉 피해자들이 웃으면서 강호동에게 당했던 이야기를 하는 것은 단지 과거형이 아니라 현재 진행형인 연예계의 잘못된 관행이나 선배들의 갑질에 대한 경종이 되기도 한다.

가수 겸 제작자로 유명했던 이상민이 이혼과 빚이라는 슬픈 키워드로 김희철에게 당할 때는 안타깝고 짠하면서도 재미있다. 한번 상상해 보자. 〈아는 형님〉이 호칭만 부르고 서로 존댓말을 했다면 지금처럼 성공할 수 있었을까? 출연진이 강호동에게 주눅 들고 긴장한 모습만 생각해도 어색하고 불편하다.

오해하지 말자. 여기가 미국도 아니고 회사에서 서로 반말을 하자는 이야기는 절대 아니다. 애매한 형식이나 문화를 만들지 말자는 것이다. 어정쩡한 문화로 의사결정도 오래 걸리고 서로 스트레스만 받는 문화를 만들지 말자는 것이다. 겉멋에 수평 문화를 추구하고 실제로 일은 수직적으로 하지 말자는 뜻이다.

만약 수평 문화를 선택했다면 몇 년이 걸리든, 얼마가 들든, 몇 명을 투입하든 할 수 있는 한 끝까지 해서 대표 이사부터 신입 사원까지 모두가 지키고 협조하는 문화를 만들어야 한다. 그게 아니라면 과감히 수평 문화, 수평 조직을 포기하고 일반적인 직급과 직책의 문화를 만들어 가면 된다. 수평적인 회사는 딸 같은 며느리, 친구 같은 아빠처럼 달콤하지만 현실적이지 않을 때가 많다. 물론 그 어려운 걸 해내는 사람과 기업들이 있지만 확률적으로 높지 않은 듯하다.

수평 문화나 수평 조직이 트렌디하고 창의적으로 보이고 수직적인 회사보다 직원을 위하고 일하기 좋은 것처럼 과대 포장돼 있는데 그것은 뚜껑을 열어 봐야 알 수 있다. 수평 문화는 좋고 수직 문화는 나쁜 것이 아니다. 각자 장단점이 있고 다른 것이다. 창업 초기 성장과 빠른 의사 결정을 위해 수직적으로 운영하다가 어느 정도 커진 후에 수평으로 갈 수도 있고 그 반대일 수도 있다.

그리고 각각의 문화가 주는 가치와 호불호는 산업마다 회사마다 개인마다 기준이 다를 것이다. 내가 다녔던 인터넷 포털 회사들도 겉으로는 매우 수평적으로 보일지 몰라도 실제로는 지극히 관료적이고 수직적으로 느껴졌는데 직원마다 생각이 조금씩 달랐다.

어떤 철학이나 강한 의지 없이 수평적인 문화, 수평적인 조직을 추구하고 부족한 결과물에 인사 담당자만 다그치는 경영진과 직원 모두가 ○○님으로 부르는데 본인만 회장님으로 불리길 바라는 회장님께 묻고 싶다.

'인사 담당자를 혼내는 당신은 수평적인 사람인가?'

'정말로 수평 문화를 받아들일 마음의 준비와 자세가 돼 있나?'

'대표 이사 방을 따로 만들고 온종일 나오지 않으면서 정말로 직원들과 수평적으로 소통할 수 있겠는가?'

'정말로 호칭이라는 껍데기뿐만 아니라 의사 결정 권한이나 급여 구조까지 수평적으로 할 의지가 있나?'

'입사한 지 얼마 안 되는 직원이 회사의 문제점을 지적하거나 경영진에게 본인의 의사를 강하게 주장한다고 평가에서 불이익을 주지 않을 자신이 있나?'

대표님을 대표님이라고 부르지 못하고 과장님을 과장님이라고 부르지 못하는 회사가 무조건 좋은 회사는 아니다. 수평이든 수직이든 아니면 제3의 문화든 경영진과 직원들이 함께 노력하여 성과를 올리면서 근무 만족도를 높일 수 있는 최적화된 문화를 찾고 만드는 것이 정말 의미 있지 않을까? 결국 어떤 문화든 어떤 제도든 함께 성과를 만들어 내고, 기여한 만큼 과실을 나누고, 능력보다 아부나 정치로 크는 사람이 없고, 실력과 인성을 갖춘 진정성 있는 직원이 억울한 일을 당하지 않고 성공할 수 있는 회사가 정말 좋은 문화가 아닐까? 〈아는 형님〉은 근본 없는 예능으로 성공했지만, 근본 없는 회사도 성공할 수 있을지는 모르겠다.

가족 같은 회사,
사실 남보다 못한 회사

세상에는 가족 같은 회사가 많다. 여기에서 가족 같은 회사란 대기업에서 많이 하는 실제 가족 중심의 친족 경영을 말하는 것이 아니다. 가족이 아닌데 가족을 가장한 회사를 말한다. 가족이 아닌데 가족이라고 주장하는 회사를 말한다. 가족이 아닌데 가족이기를 강요하는 회사를 말한다. 그렇다. 성과 중심이 아니라 정과 의리로 움직이는 회사를 말한다.

이제는 열정 페이도 낡은 도그마가 됐듯이 가족 같은 회사 또한 격리해야 한다. '가족'이라는 단어 자체는 너무도 포근하고 정감 가며 따듯한 인상을 주지만 가족 같은 회사라는 말은 다양한 뜻을 내포한다. 직원을 정말로 가족처럼 소중히 생각하고 배려하는 회사일 수도 있고 회사 입장에서 필요한 때만 '우리가 남이가' 하면서 가족

운운하는 회사도 있다.

가족이라고 월급 대신 용돈을 준다.

가족이라고 이 일 저 일 마구 시킨다.

가족이라고 함부로 대한다.

가족이라고 사적인 일도 시킨다.

가족이라고 야근도 마음대로 시킨다.

회사의 구성원은 동아리 회원도 아니고 가족은 더더욱 아니다. 정이나 의리, 친분, 혈연, 학연, 지연, 그 밖에 개인적인 감정이나 관계를 중심으로 구성되고 유지되며 성장하는 것은 위험하다. 물론 사람 사는 세상이니 완전히 배제할 수는 없겠지만 목적 베이스, 성과 베이스, 데이터베이스로 철저하게 돌아가되 인간미가 그 사이사이에서 약간의 윤활유 역할을 하는 것은 나쁘지 않다고 생각한다.

SBS 드라마 〈스토브리그〉에서는 주인공인 백 단장이 철저한 프로 의식을 갖고 업무를 하며 엄청난 성과를 낸다. 초반에는 대부분의 직원이 백 단장을 향해 인간미가 없고 커뮤니케이션 능력이 떨어진다고 욕하며 항의를 한다. 하지만 성과를 내고 리더십을 보여 주고 넘사벽의 전략을 짜 오니 점점 더 따르게 되고 백 단장을 좋아하게 된다. 물론 후반부로 갈수록 백 단장도 조금씩 변해서 약간의 인간미까지 더해진다. 백 단장뿐만 아니라 구단을 운영하는 직원들, 마운드에서 뛰는 선수들 모두 프로페셔널리즘으로 똘똘 뭉쳐 각자의 위치에서 최고의 성과를 내기 위해 노력하는 모습이 멋진 감동을 줬다. 스타트업에도 이런 프로페셔널리즘이 필요하다.

우리는 가족이 아니고 팀이다. We're a team, not family

우리는 프로 스포츠팀이지, We're like a pro sports team,

아이들을 위한 레크리에이션 팀이 아니다. not kid's recreational team

넷플릭스의 리더들은 Netflix leaders

고용과 성장, 해고를 현명하게 수행함으로써 hire, develop and cut smartly

모든 직위에 스타급 플레이어를 보유하고 있다. so we have stars in every position

영화 스트리밍 서비스인 넷플릭스의 조직 운영 철학이다. 우리는 가족이 아니라 팀이며 아이들 놀이가 아니라 프로 스포츠팀처럼 운영해야 한다는 것이다. 이런 철학을 벤치마킹하여 넷플릭스 같은 스타트업이 많아지길 바란다.

스타트업,
반복에 지치지 않는 자가 성취한다

요즘 '루틴'이라는 단어가 많이 쓰인다. 각종 자기 계발서와 미디어에 많이 등장하고 유튜브의 트레이닝 영상에도 많이 나온다. 루틴의 사전적 의미를 찾아보면 이렇다.

루틴 routine

[명사] 일상, 틀에 박힌 일

[명사] 특정한 작업을 실행하기 위한 일련의 명령. 프로그램의 일부 혹은 전부를 이르는 경우에 쓴다.

[명사] 운동선수들이 최고의 운동 수행 능력을 발휘하기 위하여 습관적으로 하는 동작이나 절차.

정리해 보면 무언가를 하기 위한 지속적이고 반복된 행동을 말한다. 그동안 일반적으로는 따분하고 지루한 일, 판에 박힌 일, 반복되는 일상 등 부정적인 의미로 많이 쓰였다. 그래서 이직하는 사람들이 '루틴한 업무에 지치고 더 배울 게 없다'는 이야기도 많이 했다. 하지만 이 루틴이라는 단어가 성공의 열쇠라는 것을 점점 많은 사람이 알아 가고 있다.

성공하는 사람들에게 그들만의 루틴이 있듯이 성공하는 스타트업에도 그들만의 지독한 루틴이 있다. 평범한 노력이 쌓여 비범한 성과를 만들어 낸다. '딜리버리히어로'에 40억 달러(약 4조 7,500억 원)에 인수된 배달의민족(우아한형제들)은 초기에 김봉진 대표가 수개월 동안 하루 종일 돌아다니면서 전단지를 모으는 일만 했다는 유명한 일화가 있다.

골드만삭스 등으로부터 1,600억 원의 투자를 받은 직방은 초기에 원룸 매물을 확보하기 위해 안성우 대표를 포함한 전 직원이 매일 아침 모여 하루 종일 방을 구하러 다녔다고 한다. 이런 작업은 혹한기에도 계속됐는데 직원 보호를 위해 영하 15도 이하인 경우에만 매물 확보 작업을 하지 않았다는 이야기를 듣고 정말 대단하다고 생각했다. 나중에 우리나라는 어지간해서는 영하 15도 이하로 내려가지 않는다는 것을 알고 웃은 기억이 난다.

3,000억 원 가까이 투자를 받은 토스(비바리퍼블리카)의 이승건 대표도 초반에 직원이 몇 명 안 될 때 만났는데 이미 8번의 실패를 한 상황이었고 간편 송금 앱을 만들기 위해 은행들과 제휴를 하며 반복된 업무를 계속하고 있었다. 지금은 어느덧 제3인터넷 전문 은행 설립 예비 인가를 받았고, 2021년에 토스뱅크를 출범할 계획이다.

내가 다니는 스타트업 역시 앞서 말한 회사들에 비하면 아직은 작지만, 언젠가 저들처럼 될 거라는 강한 의지와 욕망으로 6년째 똑같은 루틴 속에서 수요(고객, 임차인)와 공급(매물, 임대인)을 확보하는 작업을 하루도 빠짐없이 하고 있다. '언제까지 이래야 하나' 싶다가도 이걸 해내야만 고객이 만족하고 성장할 수 있다는 것을 알기에 임직원 대부분이 루틴한 업무를 묵묵하게 잘해 주고 있다.

일부 회사를 예시로 들었으나 우리가 들어서 알 만한 성공적인 스타트업에는 화려한 겉모습 이면에 지독하리만큼 반복적인 루틴을 만들고 그것을 지켜 왔다는 공통점이 있다.

스타트업이라는 것이 얼핏 보면 매우 창의적인 서비스나 제품을 만들고 늘 새로운 것을 추구하는 것 같아 보인다. 하지만 결국 고객의 문제를 해결하기 위해 지독하게 파고들고 그 문제를 해결하기 위해 지독한 루틴을 만들어 매일매일 반복해서 처리해야 한다. 그러다 보니 스타트업 월드에 막연한 환상을 갖고 합류한 일부 사람들은 다른 중소기업이나 대기업과 다를 바 없는 루틴함을 버티지 못하고 일찍 퇴사하는 경우도 많다.

복싱을 배우러 가면 처음은 줄넘기부터 시작한다. 개수를 세는 것이 아니라 3분씩 3라운드를 해야 한다. 아마추어 경기가 보통 3라운드로 진행되고 1라운드가 3분이기 때문에 워밍업 겸 체력을 키우기 위함이다. 멋있는 포즈나 기술을 배우러 온 사람들에게 줄넘기는 너무도 보잘것없는 루틴이지만 이걸 할 수 있어야 체력을 키우고 기술을 배울 수 있고 시합에서 이길 수 있다.

내일도 아침에 눈 뜨면서부터 반복되는 일상이 시작될 것이다. '더 자고 싶다. 출근하기 싫다'는 생각부터가 루틴의 시작일 수도 있다. 그리고 어떤 업종, 어떤 회사에 근무하든지 출근하면 수많은 메일과 루틴한 업무와 회의가 기다리고 있을 것이다. 그러다가 문득 다 때려치우고 뭔가 새롭고 신선한 일을 찾고 싶다고 생각하게 될 것이다. 그럴 때는 이 말을 명심하자.

'반복에 지치지 않는 자가 성취한다.'

시간은 누구에게나
공평하지 않다

'시간은 누구에게나 공평하다'는 흔한 말이 있다. 특히 기성세대가 젊은 세대에게 훈계할 때 많이 사용한다. 시간은 누구에게나 공평하게 흐르니까 열심히 살라는 식이다. 문장의 맥락은 일정 부분 인정하고 공감이 된다. 누구에게나 하루에 24시간, 주 7일이 주어지는 것은 사실이다. 나 역시 그런 줄 알고 이삼십 대를 보냈다. 하지만 시간은 누구에게나 공평하지 않다. 절대적인 시간도 공평하지 않고 상대적인 시간과 농도는 더더욱 동일하지 않다.

대학 시절의 나는 돈을 벌기 위해 아르바이트를 대여섯 개씩 해야만 했다. 중고등학생 과외부터 우유 배달, 전단지 아르바이트, 막노동 등을 했다. 삼교대로 일하는 24시간 주유소에서 밤 10시부터 아침 6시까지 몇 달간 일하기도 했는데 다음 날

일과를 정상적으로 소화할 수 없고 건강에 이상이 생겨 그만두기도 했다.

나뿐만 아니라 대한민국의 많은 학생이 20년 전이나 지금이나 학비와 월세를 벌기 위해 카페, 식당, 편의점, 주유소 등에서 아르바이트를 한다. 이런 학생들이 없다면 아마 수많은 식당과 카페가 문을 닫아야 할지도 모른다. 학업과 아르바이트 몇 개를 병행하는 것이 생각보다 쉬운 일은 아니다. 절대적으로 시간이 부족하기 때문에 시간을 쪼개서 공부를 하고 자격증 준비나 취업 준비를 해야 한다. 그러면서 이런 생각을 한다. 정말 돈 걱정 없이 꿈을 향한 시간에만 집중할 수 있으면 좋겠다고.

반면에 부모님의 지원으로 모든 것을 해결할 수 있는 학생들은 굳이 아르바이트를 할 필요가 없으니 대부분의 시간을 생산적인 일에 집중할 수 있다. 학업에 집중해서 석박사를 할 수도 있고 자격증이나 유학을 준비할 수도 있다. 부유한 집안에 태어났어도 사회 경험이나 고생해 보기 위해 아르바이트를 하는 친구들이나 남는 시간의 대부분을 게임이나 SNS에 쓰는 학생들은 일단 비교에서 제외하자.

앞서 아르바이트를 해야만 생활이 가능한 학생들과 부모님의 지원으로 모든 것을 할 수 있는 학생들 두 그룹의 시간이 공평하다고 말할 수 있을까? 꿈을 향해 가기 위해 필요한 절대적인 시간의 총량이 처한 상황에 따라 다를 수 있다는 점을 우리는 이해하고 공감해야 한다.

스타트업 세계도 크게 다르지 않다. 나는 창업을 시작하고 나서도 경제적인 문제 때문에 주말마다 강의를 하고 밤마다 대리운전을 했다. 한 집안의 가장으로서 옵션이 아니라 필수였다. 그리고 주변에 스타트업들 역시 돈을 벌기 위해 외주를 뛰거나 에이전시를 하는 경우도 많다. 대리운전을 하다가 만난 스타트업 대표들도 있는데 다들 비슷한 이야기를 한다. 정말 돈 걱정 없이 사업에만 집중하고 싶다고.

전기 차를 만드는 테슬라와 민간 우주 탐사를 최초로 시도하는 스페이스엑스 등의 회사를 창업하고 운영하는 일론 머스크는 아이언맨의 실제 모델로 알려져 있다. 일론 머스크는 일주일에 100시간 정도 일하는 것으로도 유명한데 일반 직장인들이 주당 평균 40시간(하루 8시간×5일)을 일하는 것에 비하면 약 2.5배를 더 하는 것이다. 개인의 능력이 비슷하다고 가정할 경우 나 같은 일반인이 6개월을 걸려 해낼 일을 일론 머스크는 2~3개월 만에 해내는 것이다.

게다가 능력이 몇 배는 차이가 날 테니 일의 완성도나 실행 속도에서 더 큰 차이가 발생할 것이다. 이런 차이는 속도가 생명인 첨단 산업 분야에서 엄청난 격차를 만들어 낸다. 나와 일론 머스크의 시간은 자의든 타의든 공평하지 않다. 그렇기 때문에 나 같은 평범한 사람들은 더 열심히 해야만 한다.

유튜브에서 라이브아카데미 토들러를 운영하는 신용하 님이 〈세바시〉에서 이런 이야기를 했다.

"사람들이 자꾸 무리하지 말라고 하는데, 뭔가 성공을 하려면 무리를 해야 합니다. 나는 이틀에 한 번 잡니다."

영상의 댓글에도 잠 좀 자라거나 건강 좀 챙기라는 걱정 어린 내용이 유독 많다. 나는 이 영상을 보고 한 대 맞은 느낌이었다. 나름 열심히 살고 있다고 생각했는데 아직 멀었다는 생각도 들고, 투자 좀 받고 회사가 자리 잡았다고 창업 초기 때의 절박함이나 초심을 잃은 것은 아닌지 반성도 했다. 다시 무리를 좀 해야겠다는 생각도 들었다.

워라밸Work and Life Balance, 욜로YOLO, You Only Live Once, 6시 이후의 안락한 삶 등을 꿈꾸는

사람에게는 스타트업 창업을 만류하고 싶다. 본인이 할 수 있는 모든 시간과 노력을 쏟아부어도 성공하기 어려운 것이 사업이다. 초기 스타트업일수록 개인의 삶은 당분간 사업에 저당 잡힌다고 생각해야 마음이 편할 것이다. 올인의 자세로 건곤일척 하길 바란다.

아무 일도 하지 않으면
아무 일도 일어나지 않는다

'다 잘될 거야. 올해는 잘 풀릴 거야. 내년에는 좋아질 거야.'

우리는 살면서 별다른 근거나 악의 없이 이런 하얀 거짓말을 자주 한다. 특히 연말연시가 이런 거짓말의 성수기다. 아마도 본인 스스로, 아니면 다른 누군가에게 희망을 주기 위한 멘트로 많이 사용할 것이다. 이런 이야기를 들으면 왠지 마음이 편안해지기도 하고 뭔가 잘될 것 같은 희망이 싹트기도 해서 긍정적인 효과가 많다. 서로가 서로에게 힘을 주는 아름다운 상황이다. 하지만 조금만 더 이성적이고 논리적으로 생각해 보면 밑도 끝도 없는 이야기다.

"간절히 원하면 이뤄진다."

→ 행동은 하지 않고 원하기만 하면 절대로 아무것도 이뤄지지 않는다. 간절히 원하는 만큼 혼신의 노력을 해야 한다.

"너무 걱정하지 마. 다 잘될 거야."

→ 이런 무책임한 말이 어디 있나?

"올해는 잘 풀릴 거야. 내년에는 좋아질 거야."

→ 그냥 별 뜻 없는 인사치레다.

"어떻게든 해결되겠지. 누군가가 도와주겠지."

→ 절대 해결되지 않고 아무도 도와주지 않는다.

"너는 잘될 거야. 내가 장담할게."

→ 그냥 힘내라고 하는 말이다.

"사업이 대박 날 거예요."

→ 로또 같은 불로소득을 제외하고 확률적으로 대박은 혼신의 힘을 다한 매우 극소수에게 허락된다.

너무 시니컬하다고 생각할 수 있지만, 현실을 직시하자는 뜻이다. 이런 류의 이야기는 글을 한 줄도 안 쓰면서 시간이 지나면 저절로 책이 쓰이길 기대하는 것과 같다. 사업도 마찬가지다. 특히 스타트업의 경영진은 이런 무책임한 말을 해서는 안 된다. 창업자들이 대부분 자신과 사업에 대한 확신으로 똘똘 뭉친 경우가 많아서 모두가 우주로 가는 로켓이 될 것이라고 생각한다. 모두가 배달의민족이나 토스, 직방 같은 유니콘이 되고 코스닥에 상장을 꿈꾸지만, 현실은 그렇게 녹록지 않다. 확률적으로 거의 제로에 가깝다. 그리고 시간이 조금씩 지나면서 현실이라는 벽 앞에 스스로가 유니콘이 아니라 조랑말이었음을 조금씩 깨닫게 된다.

막연한 희망, 근거 없는 자신감, 과도하게 낙관적인 태도, 실행 없는 무모한 계획은 아주 잠깐 시궁창 같은 현실을 탈피하게 할지는 모르지만 모두에게 실질적인 도움이 되지 않는다. 우리에게 필요한 것은 합리적 추론을 통해 가설을 세우고 계속해서 검증해 나가는 일, 내년에 더 잘될 것이라는 희망이 아니라 내년에 더 잘되게 만드는 구체적인 계획을 세우고 실행해 나가는 일, '다 잘될 거야'라는 무책임한 말이 아니라 잘될 수밖에 없게 만드는 혼신의 노력이다.

"아무 일도 하지 않으면 아무 일도 일어나지 않는다"라는 유명한 문구가 있다. 정말로 직장인으로서의 삶이든, 창업자로서의 삶이든 아무것도 하지 않고 걱정만 하거나 계획만 세운다면 아무런 성과도 낼 수가 없다. 실행하자. 실행하고 또 실행하자. 네이버의 공동 창업자이자 베어베터의 김정호 대표는 이런 실행력을 '몸싸움'이라고 표현했다. 급변하는 환경에서 몸싸움을 잘하는 회사가 이긴다는 것이다. 책상에 앉아서 혼자만의 망상에 빠지지 말고 실행하다 보면 길이 보이고 또 다른 계획이 생기며 새로운 희망이 생길 수 있다.

스타트업 창업가를 위한
시무 20조

가수 비의 오래전 노래 〈깡〉이 밈 현상으로 역주행하면서 깡 신드롬이 일어났고 연달아 유재석, 이효리와 함께 혼성 그룹 '싹쓰리'를 만들어 2020년 여름 음원 차트를 석권하는 재미난 현상이 있었다. 이때 비의 오래된 팬이 비를 위해 쓴 직언 글이 회자되고 인기를 끌었는데 일명 비를 위한 '시무 20조'다. 꾸러기 표정 금지, 입술 깨물기 금지, 윙크 금지 등 비를 오래전부터 알고 좋아하는 팬심으로 한 땀 한 땀 만든 글이라는 게 절절히 느껴진다.

마찬가지로 스타트업을 창업하려는 모든 사람이 나의 '브라더 앤 시스터'라는 생각으로 스타트업 버전으로 패러디해 봤다. 스타트업 창업을 준비하고 실행하고 키워 가면서 언제나 초심을 잃지 말고 명심해 주길 바라는 마음이다.

스타트업을 위한 시무 20조

가족 중심, 지인 중심으로 팀 빌딩 금지

동아리처럼 운영 금지, 성과 중심으로 운영하기

바닷물 끓이지 말고 직원들 급여부터 잘 챙기기

투자 브로커, 창업 전문가에게 속지 않기

채용할 때 적당하게 타협하지 않기

의심하면 뽑지 말고 뽑았으면 의심하지 말기

열정 페이 요구, 직원 함부로 대하기 금지

전 직장의 영광에 머무르지 않고 다 내려놓기

현실을 직시하며 미래를 살기

고정비 최소화하기

빈번한 피버팅, 다른 사업에 손대기 금지

거절당한 투자 회사에 계속 들이대기 금지

센스 있고 영감 있는 광고 대행사 구하기

임대료 비싼 사무실 피하고 공유 오피스 입주 진지하게 생각하기

수평 문화의 함정에 빠지지 않기

이것도 저것도 아닌 애매한 문화 만들지 않기

KPI 수립하고 린 스타트업 하기

직언해 줄 직원들 옆에 두기

요행을 바라지 말고 루틴에 충실하기

끝까지 포기하지 않고 살아남기

지옥을 경험하고 있는
사업가들에게

누구나 인생을 살면서 이런저런 쓰나미를 겪게 된다. 사람을 잃기도 하고 돈을 잃기도 하고 평판을 잃기도 하고 배신을 당하기도 한다. 그런 일을 겪을 때마다 처음에는 늘 남을 탓하고 하늘을 원망하게 된다. 하지만 그 모든 것은 나의 잘못이고 남을 탓해 봤자 아무 소용없다는 것을 깨닫기까지 적지 않은 시간이 필요하다.

특히 사업을 하는 사람은 생지옥을 경험할 확률이 높아진다. 지옥에서 탈출하기 위해서는 몇 가지 노하우가 필요하다. 내가 지금까지 인생의 쓰나미를 여러 번 겪으면서 또는 현재 진행형인 지옥에서 탈출하는 방법을 공유하고자 한다. 주제넘지만 현재 지옥을 경험하고 있는 분들이 이 글을 보고 조금이나마 힘내 주길 진심으로 바란다.

첫째, 현재 상황을 늪이 아니라 터널로 인식해야 한다

늪은 허우적거릴수록 더 깊게 빠져들어 결국 죽게 된다. 하지만 터널은 기어서라도 조금씩 앞으로 나아가면 언젠가는 터널의 끝에 이르러 따스한 햇빛과 맑은 공기를 누릴 수 있다. 힘들다고 가만히 있으면 계속해서 늪에 빠지게 된다. 조금씩 천천히 앞으로 나가자. 조금 늦어도 상관없다. 끝이 없는 터널은 없다.

둘째, 지옥은 누구에게나 있기에 혼자만의 고통이 아니라고 인식해야 한다

흔히 본인 빼고 모두 행복해 보인다는 오류를 범한다. SNS를 보면 어찌나 그리 다들 행복한지. 하지만 인간이 하는 고민의 총량은 언제나 대체로 비슷하다. 먹고살기 힘들 땐 먹고살 걱정을 하고 먹고살 만하면 더 좋은 집, 더 좋은 차 등 또 다른 고민을 하는 게 사람이다. 중고등학교 때는 공부가, 대학교 때는 취업이, 사회생활을 하면서는 돈이나 결혼이, 중년이 되면 자식이, 노년이 되면 건강이 고민이다.

셋째, 지금 이 모든 상황은 결국 내가 만든 상황이라는 것을 받아들여야 한다

세상과 하늘을 원망해 봤자 아무 소용없다. 물론 코로나19처럼 불가항력인 일도 있지만 어떤 일이든 더 자세히 들여다보면 결국 나의 선택 또는 실수나 방관이 있었다. 자책하는 것이 좋지 않다는 사람도 있지만 나의 책임, 나의 실수라는 것을 하루빨리 깨달아야 한다. 그 실수와 잘못된 선택을 스스로 책임지고, 때로는 죗값을 치르고 깨닫고 배워야 한다. 그래야 확실하게 이겨 내고 벗어날 수 있다.

넷째, 주변 사람과 유대감을 유지하되 동정이나 도움을 바라지 말아야 한다

다들 저마다의 지옥이 있기에 징징대 봤자 아무도 도와줄 수가 없다. 그러니 섭

섭해하지도 마라. 그저 옆에 있어 주고, 믿어 주고, 가끔 얼굴 보여 주고, 정말 힘들 때는 한번 안아 주는 것으로 족하다. 정말 그것만으로도 감사하고 큰 위안이 된다. 힘든 일을 겪을 때 좋은 점이 진짜 내 사람을 알게 된다는 것이다. 휴대폰에 저장된 수천 명의 연락처는 아무런 의미가 없다. 혼자서 자꾸 동굴로 들어가지 마라. 현재 내 주변에 남아 있는 소중한 사람들과의 유대감이 좌절을 이겨 내는 지름길이다. 그들과의 교감을 통해 새로운 에너지를 얻고 삶의 희망을 다시 찾을 수 있다.

다섯째, 많이 바빠야 한다

몸도 바쁘고 정신은 더 바빠야 한다. 학업이나 일, 운동 등에 매진해 보면 좋다. 쓸데없는 생각을 많이 하다 보면 애써 만든 터널이 또다시 늪이 된다. 꼬리에 꼬리를 무는 부정적인 생각, 후회, 번뇌, 원망, 분노, 좌절, 패배 의식 등은 담배보다 좋지 않고 불면증과 암세포를 만들어 낸다. 몸과 마음이 바쁘면 우울한 생각이 자리 잡기가 힘들다. 가만히 앉아서 하염없이 지옥을 경험하든 아니면 운동을 하든, 책을 보든, 책을 쓰든, 대리 기사를 하든, 막노동을 하든 그건 본인의 의지고 선택이다. 생산적이고 긍정적인 생각과 행동이 당신을 지옥에서 벗어나게 해 줄 것이다.

여섯째, 이 또한 지나간다

랜터 윌슨 스미스의 시에 나오는 문구다. 흔한 말이지만 힘들 때는 이런 말조차 생각이 안 나고 들어도 공감이 안 된다. 하지만 이 말은 진리다. 아무리 힘든 일도, 아무리 지옥 같은 일도 시간이 지나가면 잊히거나 저절로 해결되거나 아니면 무뎌진다. 작년 이맘때 무슨 걱정을 했는지 기억나는가? 그때도 아마 힘들었을 것이다. 하지만 지금 정확하게 기억을 못 할 만큼 이겨 냈거나 지나고 보니 별일 아니었을 수도 있다. 모두 지나갔다. 그리고 지금 겪고 있는 일들도 내년 이맘때쯤 기억도 못 할 수도 있다.

이것 또한 지나가리라 This, Too, Shall Pass Away

- 랜터 윌슨 스미스

큰 슬픔이 거센 강물처럼

네 삶에 밀려와

마음의 평화를 산산조각 내고

가장 소중한 것들을 네 눈에서 영원히 앗아갈 때면

네 가슴에 대고 말하라

"이것 또한 지나가리라"

끝없이 힘든 일들이

네 감사의 노래를 멈추게 하고

기도하기에도 너무 지칠 때면

이 진실의 말로 하여금

네 마음에서 슬픔을 사라지게 하고

힘겨운 하루의 무거운 짐을 벗어나게 하라

"이것 또한 지나가리라"

행운이 너에게 미소 짓고

하루하루가 환희와 기쁨으로 가득 차

근심 걱정 없는 날들이 스쳐 갈 때면

세속의 기쁨에 젖어 안식하지 않도록

이 말을 깊이 생각하고 가슴에 품어라

"이것 또한 지나가리라"

너의 진실한 노력이 명예와 영광

그리고 지상의 모든 귀한 것을

네게 가져와 웃음을 선사할 때면

인생에서 가장 오래 지속될 일도, 가장 웅대한 일도

지상에서 잠깐 스쳐 가는 한순간에 불과함을 기억하라

"이것 또한 지나가리라"

일곱째, 언제나 감사하고 지금 당장 행복하기를 선택해야 한다

행복을 유예하지 말자. 그렇다고 아무 대책 없는 욜로족이 되자는 뜻이 아니다. 아무리 작은 것이라도, 아무리 짧은 순간이라도 행복할 수 있는 방법을 찾아야 한다. 지금 겪고 있는 상황만 해결되면 행복할 것이라고 생각하지만, 인생사 새옹지마로 아무도 모를 일이다. 인생은 어차피 대체로 힘들다. 그러니 지금 당장 여기에서 행복해야 한다. 가족의 사랑, 일하면서 느끼는 크고 작은 성취감, 동료나 지인들과의 우정, 생각보다 맛있는 컵밥과 라면, 가끔 앉아서 가는 광역 버스도 감사하고 행복하다. 주변을 돌아보면 감사하고 행복한 일이 생각보다 많다.

끝으로 무조건 건강해야 한다

지금 당신이 살아 숨 쉬고, 멀쩡하게 앉아서 이 책을 읽고, 일하는 데 크게 지장이 없다면 기회는 또 온다. 한 번은 더 온다. 설령 결국 오지 않더라고 우리는 그렇게 생각하고 일어서야 한다. 삶이라는 건, 좌절의 끝에서 다시 일어서기로 마음먹고 각오

하는 순간부터 풀리기 시작한다. 그러니 건강해야 한다. 몸과 마음이 건강해야 버티고 이겨 낼 수 있다.

내가 주인공인 영화에서 생지옥을 이겨 내고, 힘든 일을 극복하고, 악당을 물리치고, 반전을 만들어 내고, 해피 엔딩으로 끝나게 만드는 건 결국 자신이다. 우리 다 같이 터널을 나가서 춤이라도 같이 추자.

6.

Supplement

풍파는 언제나 전진하는 자의 벗이다.

풍파 없는 항해는 얼마나 단조로운가?

고난이 심할수록 나의 가슴은 고동친다.

_니체

스타트업
용어 사전

스타트업 월드에 발을 들인 사람이라면 업계에서 사용하는 용어를 알아야 한다. 본문에서 스타트업과 창업에 대한 전반적인 내용을 설명했지만 〈스타트업 용어 사전〉에서 '스타트업'의 정의부터 창업의 귀결점인 '엑시트'까지 순차적으로 알아야 하는 단어를 더 자세히 설명했다.

• 스타트업(Startup)

고객의 문제를 해결하기 위해 혁신적인 아이디어와 기술로 창업하는 회사를 말한다. 극심한 불확실성 속에서 신규 제품이나 서비스를 만들기 위한 조직, 가설을 검증하기 위한 임시 조직을 뜻하기도 한다.

• 앙트러프러너십(Entrepreneurship)

보통 '기업가 정신'이라는 의미로 사용된다. 기업의 본질인 이윤 추구와 사회적 책임의 수행을 위해 기업가가 마땅히 갖춰야 할 자세나 정신을 말한다.

• 마일스톤(Milestone)

단기적 사업 계획 또는 실적 목표, 제품 개발이나 고객 확보, 우수 경영진 고용 등 중요한 사안을 타임라인으로 정리한 것이다. 시기별로 어떤 마일스톤을 세우느냐가 매우 중요하며 투자 유치를 할 때도 마일스톤에 따른 적정 금액을 제시해야 한다.

• 린 스타트업(Lean Startup)

아이디어를 빠르게 최소 존속 제품MVP, Minimum Viable Product으로 제조한 뒤, 시장의 반응을 보고 다음 제품에 반영하는 것을 반복해 성공 확률을 높이는 경영 방법론이다. 기능이 많은 제품이나 서비스를 완벽하게 만들기 위해 오랜 기간이 소요되면 시장 타이밍에 맞지 않거나 경쟁자가 시장을 선점할 수도 있기 때문에 최대한 빨리 제품을 출시하고 업데이트를 반복하면서 완성도를 높이는 것이 중요하다.

• 최소 존속 제품(MVP, Minimum Viable Product)

최소한의 노력과 빠른 실행력, 개발 기간으로 최소한의 기능을 구현한 시제품. '만들기, 측정, 학습 순환'을 완전히 돌 수 있게 하는 제품으로 목표는 근본적인 사업 가설을 테스트하는 것이다. 고객에게 피드백을 받기 위해 주로 사용된다.

• 유니콘(Unicorn)

머리에 뿔이 있고 날개가 달린 상상 속의 말로, 비상장 회사이면서 10억 달러(1조 2,000억 원) 이상의 가치를 가진 스타트업을 말한다. 우리나라에는 쿠팡, 비바리퍼블리카(토스), 야놀자, 무신사 등이 있다.

• 데카콘(Decacorn)

유니콘의 10배. 100억 달러(12조 원) 이상의 가치를 가진 스타트업으로 대표적으로 우버, 에어비앤비, 디디추싱, 샤오미, 스페이스엑스, DJI 등의 기업이 있다.

• 비즈니스 모델(Business Model)

비즈니스 모델이란 사업의 핵심 운영 요소와 이들의 관계를 논리적으로 설명한 것이다. 특히 다음 질문에 구체적으로 대답할 수 있어야 한다.

'제품이나 서비스가 고객에게 어떤 가치를 주는가?'

'어떻게 고객에게 전달할 것인가?'

'제품이나 서비스를 제공하려면 내부적으로 어떤 준비가 필요한가?'

'어떻게 돈을 벌고, 어떤 비용이 드는가?'

• 비즈니스 모델 캔버스(Business Model Canvas)

기업의 수익 창출 원리와 전하고자 하는 가치를 9개의 항목으로 도식화한 모델을 말한다. 핵심 파트너, 핵심 활동, 핵심 자원, 가치 제안, 고객 관계, 채널, 고객 세분화, 비용, 수익을 회사의 아이템과 상황에 맞게 정리해 보는 것이 중요하다.

- **카피캣(CopyCat)**

잘나가는 제품을 모방해 만든 제품을 말한다. 모방은 창조의 어머니라고 했다. 비즈니스 세계에서 카피캣은 나쁜 의미가 아니며 해당 국가 또는 시장에 안착하도록 커스터마이징Customizing하는 것이 중요하다. 샤오미는 애플, 패스트파이브는 위워크, 쿠팡과 티몬도 미국 그루폰의 카피캣이라고 볼 수 있다.

- **피벗(Pivot)**

농구나 핸드볼에서 한 발을 축으로 하여 회전하는 것으로 이와 유사하게 사업의 근간은 유지하면서 사업 방향을 바꾸는 것을 의미한다. 초기에 내세운 아이템이 가능성이 없다는 판단이 들면 과감하게 피버팅을 해야 한다. 제품, 전략, 성장 엔진에 대한 새롭고 근본적인 가설을 테스트하려고 경로를 구조적으로 수정하는 것이다.

- **벤치마킹(Bench Marking)**

측정의 기준이 되는 대상을 설정하고 그 대상과 비교 분석을 통해 장점을 따라 하는 행위를 말한다. 다른 회사나 제품, 기술, 경영 방식 등을 배워서 응용하는 경영 전략 기법이다. 스타트업에도 시장을 선도하는 다른 스타트업을 벤치마킹하여 전략을 짜는 것이 중요하다.

- **4P**

마케팅 용어로 제품Product, 가격Price, 유통 경로Place, 판매 촉진Promotion의 앞 글자를 딴 것이다. 스타트업에서 제품을 출시하고 마케팅하는 과정에서 각각의 항목에 따라 수많은 조합이 나올 수 있기 때문에 마케팅 믹스Marketing Mix를 잘해야 한다.

- STP전략

시장 세분화Segmentation, 목표 시장 선정Targeting, 위상 정립Positioning의 앞 글자를 딴 것으로 마케팅 전략의 하나다. 제품이 시장에 안착하기 위해서는 시간과 리소스의 한계가 있기 때문에 고객을 최대한 세분화하고 그중 하나의 고객군을 선정하여 그들의 머릿속에 포지셔닝하는 것이 중요하다.

- GA(Google Analytics)

GA는 구글에서 제공하는 웹 사이트 로그 분석 툴로 이를 활용하면 우리 웹 사이트에 접속하는 방문자들의 특성이나 행동 패턴 등을 파악할 수 있다.

- 핵심 성과 지표(KPI, Key Performance Indicator)

기업이 추구하는 핵심 목표를 말하며, 성과를 측정하는 지표다.

- AARRR

고객 획득 과정에 대한 프레임워크다. 획득Acquisition, 활성화Activation, 재방문Retention, 추천Referral, 수익Revenue의 단계로 이뤄져 있으며 단계별 KPI 설정과 각 단계에서 그다음 단계로 넘어가는 전환율을 중점적으로 관리하며 이를 개선하기 위해 테스트를 반복하는 것이 중요하다.

- 퍼널 분석(Funnel Analysis)

전체 서비스 지표를 보는 것이 아니라 단계별로 지표를 나눠서 우리 고객이 어떤 단계에서 어느 정도의 전환율과 이탈률을 보이는지를 분석하는 것이다. 이를 통해 우리 서비스의 어떤 부분에 문제점이 있는지를 파악할 수 있으며, 우리가 집중해야 하는 부분과 수정해야 하는 부분을 선택할 수 있다.

• 코호트 분석(Cohort Analysis)

전체 매출이나 전체 사용자 같은 누적 데이터를 보는 것이 아니라, 특정 사용자 그룹의 결과를 보는 것을 의미한다. 여기서 말하는 코호트란 통계에서 같은 인자를 공유하는 집단을 의미한다. 즉 기간 혹은 채널 등을 하나의 코호트로 묶어서 시간에 따른 변화를 측정하여 지표를 제시하는 것이다.

• A/B 테스트(A/B Test)

웹 사이트나 우리 제품의 서로 다른 두 버전을 만든 다음 사람들에게 각각 보여주고 A, B 중 어느 것이 더 나은지를 지켜보는 작업이다. 보통 한 번의 테스트에서는 하나의 사항을 테스트한다. 복수의 사항을 하나의 테스트에 동시 진행할 경우 어떤 요인으로 서로 다른 지표를 보이는지 확인할 수 없기 때문이다. 배너 광고를 집행할 때 여러 개의 배너를 만들어 클릭률을 보면서 A/B 테스트를 하기도 한다.

• AU(Active User)

실제 사용자를 의미한다. 아무리 많은 다운로드 수나 회원 수를 보유하고 있더라도 AU의 수치가 낮다면 그 서비스의 전망은 그리 밝지만은 않다. 보통은 '접속'을 기준으로 측정한다. 기간에 따라 DAU^{Daily Active User: 일별 활성 사용자 수}, MAU^{Monthly Active User: 월별 활성 사용자 수}등으로 표현한다.

• ARPU(Average Revenue per user)

사용자당 평균 매출. 보통은 객단가로 많이 이야기한다. 쉽게 생각해서 일정 기간의 매출 총합을 사용자 수로 나눈 값이다. 보통은 한 달을 기준으로 보는데, 여기서 말하는 사용자의 기준을 '가입자'로 보느냐 혹은 'MAU'로 보느냐에 따라서 수치가 천차만별로 달라질 수 있다.

• ARPPU(Average Revenue per paying user)

결제자당 평균 매출을 의미한다. ARPU에 비해서 ARPPU는 비교적 명확한 의미를 갖는다. 월 단위로 계산하는 것은 같지만, 해당 기간의 매출 총합을 결제자 수로 나눈 것이다. 물론 소수의 고액 결제자가 발생하게 된다면 지표는 정확하지 않을 수도 있다.

• CAC(Customer Acquisition Cost)

한 사람의 신규 고객을 데려오는 데 드는 비용을 말한다. 마케팅의 집행 여부, 광고 매체 선택의 판단 기준이 되기도 한다. Customer를 User로 바꾸어 UAC라고 하기도 한다. 신규 고객 획득과 관련된 전체 비용을 신규 획득된 고객 수로 나누면 측정이 가능하다.

• LTV(Lifetime Value)

고객 생애 가치. CLV^{Customer Lifetime Value}라고도 한다. 고객이 서비스에 유입되어 이탈하기까지 창출하는 가치와 매출을 의미한다. 결국 CAC보다 LTV가 높아야만 사업적으로 의미가 있고 마케팅 집행의 결과에 대한 명확한 분석을 할 수 있다.

- **잔존율**(Retention rate)

회원 가입을 한 고객이 일정 시간 이후 얼마나 남아 있는지를 보여 주는 비율. 보통 +30일 +90일 등의 일정 기간으로 나눠 측정한다.

- **이탈률**(Churn Rate)

이미 가입한 사용자가 더 이상 서비스를 사용하지 않는 비율을 의미한다. 신규 고객을 유치하는 것도 중요하지만 유치한 고객을 놓치지 않는 것이 더욱 중요하다. 따라서 비용을 들여 힘들게 가입한 고객이 떠나지 않도록 이탈률 관리에 신경 써야 한다.

- **OMTM**(One Metric That Matters)

스타트업 운영에 있어서 현재 단계에서 가장 중요한 한 가지 지표를 선택해 집중하는 것을 말한다. 이 지표는 단계에 따라서 달라질 수 있다.

- **그로스 해킹**

전통적인 마케팅 방법이 아닌 가설 검증이 가능하고, 추적 가능하며, 확장 가능한 고객 확보 기법들로 대체하는 방법을 말한다. 기존의 마케팅이 브랜드 기반이었다면, 그로스 해킹은 데이터와 ROI^Return On Investment: 투자 자본 수익률를 기반으로 한다. 이러한 업무를 하는 사람을 그로스 해커라고 한다.

- **페르소나**(Persona)

실제 사용자의 행동 패턴과 특징을 바탕으로 만들어진 가상의 인물을 말한다. 페르소나에는 구체적인 사용자의 프로파일과 행동, 태도, 동기, 경험, 니즈 등이 포함 돼야 한다. 각 단계의 주요 의사 결정 단계에서 기획자, 개발자, 디자이너의 선호나 판단이 아닌 페르소나의 관점에서 의견을 수렴하고 이에 맞춰 검증해 나가는 작업 이 필요하다.

• 제이 커브(J Curve)

스타트업의 예상 현금 흐름과 성장 곡선의 의미로 사용된다. 스타트업의 J커브는 필요한 자금 투입 규모나 타이밍, 매출이 발생하기까지의 소요 시간, 영업 현금 흐 름, 손익 분기점[BEP]까지의 소요 시간, 그리고 궁극적으로 창출 가능한 최대 현금 흐 름을 나타낸다.

• 데스밸리(Death Valley)

창업 초기 기업이 매출 부진, 투자 금액 고갈 등으로 성장 정체기에 들어서는 상 황을 말한다. 거의 모든 스타트업이 겪게 되는 단계이며, 이 시기를 어떻게 이겨 내 느냐에 따라서 기업의 생존 여부가 결정되기도 한다. 얼마나 힘들면 죽음의 계곡이 라고 표현하는지 생각해 볼 필요가 있다.

• BEP(Break Even Point)

일정 기간의 매출액이 해당 기간의 총비용과 일치하는 점으로 손익 분기점이라 고 말한다. 지속 성장하는 기업의 경우 평균 16~18개월 정도에 월 손익 분기점을 맞 추는 것이 좋다고 한다. 스타트업에서는 누적 개념의 BEP도 중요하지만 당월 BEP, 즉 월 단위로 버는 돈과 쓰는 돈이 일치되는 시점이 매우 중요하다. 스타트업의 생존 가능 여부를 확인할 수 있기 때문이다.

• 데모데이(Demoday)

인큐베이팅이나 액셀러레이팅을 받은 스타트업이 투자자 및 일반인들 앞에서 서비스와 비즈니스 모델을 발표하는 행사를 말한다. 보통 데모데이는 기업들이 서비스를 소개한 후 각각 작은 부스를 운영하여 네트워킹하는 형태로 진행한다. 비슷한 말로 피칭데이가 있다.

• 해커톤(Hackathon)

해커와 마라톤의 합성어로 기획자, 개발자, 디자이너 등이 모여 제한된 시간 안에 아이디어를 도출하고 결과물을 만들어 내는 일종의 대회다.

• 인큐베이션(Incubation) / 액셀러레이션(Acceleration)

인큐베이션과 액셀러레이션 모두 스타트업을 지원하는 프로그램이라고 생각하면 된다. 인큐베이션이 공간이나 설비, 업무 보조 등 하드웨어 중심의 지원이라면 액셀러레이션은 창업의 지식과 경험, 비즈니스 인사이트, 후속 투자 등 소프트웨어 중심의 지원이라는 점에서 차이가 있다.

• 엔젤 투자(Angel Investment)

초기 단계 스타트업에 상대적으로 적은 금액을 투자하며 조언자로 참여하는 투자자다. 벤처 캐피털과 다른 점은 시장에서 성공 가능성을 입증하기 전인 극히 초기 단계에 투자한다는 것이다.

• 엔젤 매칭 투자(Angel Matching Investment)

엔젤 투자자가 창업 초기에 먼저 투자를 하고 매칭 투자를 신청하면 정부에서 엔젤 투자자와 해당 기업에 대해 평가하고 정부 정책 자금을 활용하여 최대 2.5배수 이내로 추가로 투자해 주는 것을 말한다. kban.or.kr/jsp/ext/mtc/info.jsp

• 벤처 캐피털(Venture Capital)

기술력이나 잠재력은 있으나 아직 수익성이 확실치 않은 기업에 무담보 주식 투자 형태로 투자하는 기업이나 그런 기업의 자본을 말한다. 일반 은행보다 공격적으로 투자하지만 결국 투자 회수를 목표로 한다는 점은 같다.

• 벤처 캐피털리스트(Venture Capitalist)

일반적으로 투자 심사 역이라고 한다. 스타트업에 대한 발굴, 심사, 투자 집행, 사후 관리 등을 전문적으로 하는 사람들이며 투자를 받기 위해서는 투자 심사 역들과 신뢰를 잘 쌓아야 한다.

• TIPS(Technology Incubator Program for Startup)

중소기업청과 엔젤협회에서 주관하는 프로그램으로 혁신적인 기술을 보유한 스타트업을 선발하여 집중적으로 지원한다. 기술력을 보유한 스타트업이라면 꼭 지원해 보길 추천한다.

지원 금액: 창업 팀당 최대 10억 원 내외(최장 3년 이내)

지원 내용: 엔젤 투자(1억 원)+성공 벤처인의 보육·멘토링+R&D(5억 원)+추가 지원 4억 원(창업 자금 1억 원, 엔젤 매칭 펀드 2억 원, 해외 마케팅 1억 원)jointips.or.kr

• IR 덱 & 피치 덱(IR Deck & Pitch Deck)

IR 덱은 투자자들에게 투자를 받기 위해 회사의 제품이나 서비스, 시장성, 성장성, 팀에 대해 소개하는 자료이고 피치 덱은 투자자들에게 3분에서 10분 내외로 발표하기 위해 만든 짧은 형태의 자료를 말한다.

• 엘리베이터 스피치(Elevator Speech)

의사 결정권자를 엘리베이터에서 만났다고 가정하고 엘리베이터에서 내릴 때까지 1~2분 정도의 짧은 시간에 무언가를 설명하고 설득하는 것을 말한다. 스타트업 대표라면 언제 어디서든 1분 이내에 당신 사업의 핵심적인 내용을 설명할 수 있어야 한다.

• 앵커 투자자(Anchor Investor)

핵심 투자자로 투자 비중이 가장 크고 가장 먼저 투자 의사를 밝히는 투자자라고 볼 수 있다. 리드Lead 투자자와 유사한 용어로 사용된다. 모든 투자자가 주저하고 고민하고 있을 때 앵커 투자자를 잡으면 다른 투자자의 의사 결정에 큰 영향을 주기 때문에 매우 중요하다.

• 기관 투자자(Institutional Investor)

개인이 아닌 회사(법인) 형태의 투자 주체로 우리나라에서는 일반적으로 벤처 캐피털, 자산 운용사, 증권사 같은 금융 기관 등을 의미한다.

• **임팩트 투자**(Impact investing)

임팩트 투자는 재무 수익과 함께 각종 사회 문제나 환경 문제 해결을 목적으로 하는 기업이나 단체, 펀드에 대한 투자다. 임팩트 투자라는 말은 2007년 록펠러재단이 개최한 행사에서 매니징 디렉터인 앤토니 벅 레빈이 처음으로 주창했다고 한다.

• **클럽 딜**(Club Deal)

최소 둘 이상 다수의 투자자가 한 기업에 동시에 투자하는 방식이다. 투자자들 간에 서로 정보를 공유하고 공동으로 투자함으로써 위험성을 낮추는 동시에 전체 투자 규모를 키울 수 있다는 장점이 있다. 복수의 투자자가 n분의 1을 하여 동일 금액으로 투자를 할 수도 있고 1개의 투자자가 리드^{Lead}를 서고 다른 투자자들이 팔로우^{Follow}를 할 수도 있다.

• **투자 라운드**(Investment Round)

투자받는 기업의 성단 단계를 말하는 것으로 시리즈^{Series}로 표현한다. A, B, C, D 단계로 갈수록 투자 금액이나 기업 가치가 커진다.

• **예비 투심**(투자심의위원회)

최종 투자심의위원회를 개최하기 전에 상세한 기업 정보와 투자 조건을 바탕으로 투자 진행 여부를 결정하는 벤처 캐피털의 심의 기구를 말한다.

• **본 투심**(투자심의위원회)

투자 건에 대해 최종적으로 투자 결정을 하는 심의 기구다. 투자 회사마다 참여 인력과 결정 방식이 다른데 어떤 회사는 심사위원들이 만장일치를 해야 투자가 진행되고 어떤 경우는 참석 인원의 3분의 2 이상이 찬성해야 투자가 진행되기도 한다.

• 시드 머니(Seed Money)

예비 창업 단계 또는 완전 초기에 2,000~3,000만 원 정도 투자하는 것을 말한다. 이 단계를 시드 라운드Seed Round라고 한다. 시드 머니를 투자하는 엔젤 투자자가 비즈니스의 잠재성과 수익성을 고려하지 않는 것은 아니지만 창업자의 기업가 정신과 자세를 가장 중요하게 생각한다.

• 시리즈 A(Series A)

프로토타입 개발부터 본격적인 시장 공략 직전까지의 기간에 받는 투자를 말한다. 어느 정도의 초기 시장 검증을 마치고 베타 오픈 시점에서 정식 오픈 단계 전에 받는 것이다. 시리즈 A에 받은 투자금은 보통 제품 개발과 마케팅, 고객 피드백 모니터링 비용으로 쓰인다. 시리즈 A 투자자는 추후 시리즈 B 투자나 IPO로 투자금을 회수하길 원한다.

• 시리즈 B(Series B)

고객이 일정 정도의 규모가 되어 대대적인 인력 확보나 적극적인 마케팅, 신규 비즈니스 기회 개발 등 비즈니스 확장이 필요할 때를 위한 투자다. 즉 어느 정도 시장에서 인정받거나 고정적인 수익이 있어 서비스가 안정화 단계일 때 진행된다.

• 시리즈 C(Series C)

비즈니스 모델과 사업성, 성장성 등을 모두 인정받은 단계다. 다른 회사와의 시너지를 내기 위해 M&A를 하거나 IPO^{상장} 직전의 투자 유치 단계다. 다음 단계로는 시리즈 D나 E로 갈 수도 있고 주식 시장 상장이 될 수도 있다.

• 밸류에이션(Valuation)

기업의 가치를 말한다. 사실 매출이 없는 스타트업의 정확한 가치 평가는 어렵다. 그렇기 때문에 향후에 얼마만큼의 성장 가능성이 있는지를 현재 시점의 현금 가치로 환산한다. 여러 지표를 통해 가치를 환산하는 데 비슷한 BM의 다른 기업을 참고하기도 한다.

• 프리 머니 밸류(Pre-money Value)

투자를 받기 전 회사의 가치다.

• 포스트 머니 밸류(Post-money Value)

프리 머니 밸류에 실제 투자받은 금액을 더한 가치다.

• C 레벨(C-Level)

기업의 최고 경영진을 의미하며 C 레벨 회의에서 회사의 주요 사항을 결정하게 된다. 일반적으로 이사 이상의 임원급을 통칭하며 회사마다 조금씩 차이는 있다. 업무의 복잡도가 증가하고 다양한 전문성이 요구되면서 아래와 같이 다양한 C 레벨이 있고 조금씩 추가되고 있다.

CEO^{Chief Executive Officer}: 최고 경영자

CTO^{Chief Technology Officer}: 최고 기술 책임자

COO^{Chief Operating Officer}: 최고 운영 책임자

CFO^{Chief Financial Officer}: 최고 재무 책임자

CMO^{Chief Marketing Officer}: 최고 마케팅 책임자

CCO^{Chief Communication Officer}: 최고 커뮤니케이션 책임자

CIO^{Chief Information Officer}: 최고 정보 책임자

CHO^{Chief Human Officer}: 최고 인사 책임자

- **스톡옵션(Stock Option)**

특정 시점에 특정 가격으로 주식을 구매할 수 있는 권리를 말한다. 많은 스타트업이 사업 초기 급여를 적게 주는 대신 스톡옵션을 제공하기도 한다. 우수 인재를 영입할 때 많이 활용된다.

- **구주 매각(Secondary Offering)**

구주란 기업이나 주주가 이미 보유한 주식으로 증자의 과정에서 새롭게 발행하는 신주와 반대 개념이다. 구주 매각은 일반적으로 공동 창업자나 기존 주주들이 본인이 보유하고 있던 주식을 다른 사람에게 매각하는 것을 말한다. 구주의 거래는 양도 계약서를 통해 이뤄지고 일반적으로 20% 내외를 할인해서 매각하게 된다.

- **콜 옵션(Call Option)**

발행 회사가 채권 발행 시 정한 일정한 조건이 성취되면 만기 상환일 이전에 상환

할 수 있는 권리다.

• 풋 옵션(Put Option)

사채권자가 발행 회사에 대하여 발행 시 정한 일정한 조건이 충족됐을 경우 특정한 가격으로 특정한 날 또는 만기 상환일 이전에 상환을 요구할 수 있는 권리다.

• 엑시트(Exit: 투자 회수)

투자자가 투자금을 회수하는 것을 말한다. 우리가 보통 알고 있는 매각[M&A]이나 기업 공개[IPO]의 단계가 있다. 창업자 입장에서는 본인이 보유하고 있는 구주[기존 주식]을 제삼자에게 매각하는 것을 말한다.

• 인수 합병(M&A)

인수는 한 기업이 다른 기업의 주식이나 자산을 취득하면서 경영권을 획득하는 것이고, 합병은 두 개 이상의 기업들이 법적 또는 사실적으로 하나의 기업이 되는 것을 말한다. 일반적으로 M&A는 기존의 내적 성장 한계 극복, 신규 사업 참여에 드는 시간과 비용의 절감, 경영상의 노하우 습득, 숙련된 전문 인력 및 기업의 대외적 신용 확보, 경쟁사 인수를 통한 시장 점유율 확대 등 여러 이유에서 진행된다.

• 어크하이어(Acq-hire)

'인수, 합병'을 의미하는 어콰이어[acquire]와 '채용'을 의미하는 하이어[hire]의 합성어다. 표면적으로는 M&A처럼 보이지만 실제로는 인재 영입, 특히 개발자를 영업하기 위해 이뤄진다. 피인수되는 회사의 인력들은 원래 하던 사업을 계속할 수도 있고 인수

회사의 기존 사업이나 신규 사업 등에 투입될 수 있다.

• 기업 공개(IPO)

기업의 주식을 증권 거래소에 상장해 회사 재산 상태와 영업 활동 등 주요 사항을 대중에게 공시하는 절차를 말한다. 기업 공개의 방법은 이미 발행한 구주를 공개하는 경우와 신주를 모집하는 두 가지 방법이 있다. 전자는 자본금이 증가하지 않는데 후자는 자본금이 증가한다.

기관
리스트

● 액셀러레이터

스파크랩스 sparklabs.co.kr

프라이머 primer.kr

더벤처스 blogkorean.theventur.es

네오플라이 neoply.com

소풍 sopoong.net

매쉬업엔젤스 mashupangels.com

언더독 underdogs.co.kr

패스트트랙아시아 fast-track.asia

스타트업엑스 startup-x.com

퓨처플레이 futureplay.co

드림플러스 dreamplus.asia

롯데액셀러레이터 lotteacc.com

포항공대기술지주 postechholdings.com

케이런벤처스 krunventures.com

앤슬파트너스 enslpartners.com

킹슬리벤처스 kingsley.co.kr

더인벤션랩 theilab.kr

카이트창업가재단 kiteef.or.kr

서울대학교기술지주 주식회사 snuholdings.com

빅뱅엔젤스 bigbangangels.com

• 벤처 캐피털

데브시스터즈벤처스(주) devsistersventures.com

(유)동문파트너즈 egpartners.co.kr

라구나인베스트먼트 lagunai.com

(주)네오플럭스 neoplux.com

(주)대교인베스트먼트 daekyoinvest.com

대성창업투자(주) daesungpe.com

마그나인베스트먼트(주) mgni.co.kr

(주)마젤란기술투자 mtivc.com

메가인베스트먼트(주) megainv.co.kr

미래에셋벤처투자(주) venture.miraeasset.co.kr

삼성벤처투자(주) samsungventure.co.kr

세마트랜스링크인베스트먼트 주식회사 translink.kr

소프트뱅크벤처스(주) softbank.co.kr

스마일게이트인베스트먼트(주) mvpc.co.kr

스톤브릿지벤처스(주) stonebridge.co.kr

스틱벤처스(주) stic.co.kr

아이엠엠인베스트먼트(주) imm.co.kr

아주아이비투자(주) ajuib.co.kr

알바트로스인베스트먼트(주) albatrossvc.co.kr

(주)에스제이투자파트너스 sjinvest.co.kr

(주)에이티넘인베스트먼트 atinuminvest.co.kr

원익투자파트너스(주) wiipco.com

인터밸류파트너스(주) intervaluep.com

(주)카카오벤처스 kakaoventures.co.kr

캡스톤파트너스(주) cspartners.co.kr

케이비증권(주) kbsec.com

(주)코오롱인베스먼트 koloninvest.com

쿨리지코너인베스트먼트(주) ccvc.co.kr

포스코기술투자(주) posventure.co.kr

한국투자파트너스(주) kipvc.com

• 정부 기관

과학기술정보통신부 msit.go.kr

산업통상자원부 motie.go.kr

중소기업청 mss.go.kr

한국인터넷진흥원 kisa.or.kr

정보통신산업진흥원 nipa.kr

한국데이터산업진흥원 kdata.or.kr

기술보증기금 kibo.or.kr

신용보증기금 kodit.co.kr

K-startup k-startup.go.kr

서울창업허브 seoulstartuphub.com

서울기업지원센터 sbsc.seoul.go.kr

벤처기업협회 venture.or.kr

한국여성벤처협회 kovwa.or.kr

프론트원 frontone.co.kr

성남산업진흥원 snip.or.kr

서울산업진흥원 new.sba.kr

중소기업진흥공단 kosmes.or.kr

창업진흥원 kised.or.kr

한국콘텐츠진흥원 kocca.kr

한국정보통신진흥협회 kait.or.kr

- 미디어 & 정보 제공

플래텀 platum.kr

벤처스퀘어 venturesquare.net

비석세스 besuccess.com

아웃스탠딩 outstanding.kr

데모데이 main.demoday.co.kr

- 투자 관련 기관

한국액셀러레이터 k-ac.or.kr

한국엔젤투자협회 home.kban.or.kr

엔젤투자지원센터 kban.or.kr

한국벤처캐피탈협회 kvca.or.kr

TheVC thevc.kr

중소기업창업투자회사 전자공시시스템 diva.kvca.or.kr